投资动机与众筹效果
基于文本分析的方法

王洪伟 袁 翔◎著

科学出版社

北 京

内 容 简 介

在众筹平台上，投资者自述和项目描述是投融资双方沟通的重要方式，也是影响众筹效果的关键因素。本书以投资者自述和项目描述两类文本型数据为对象，采用文本挖掘与计量分析相结合的方法，揭示投资者动机与众筹参与行为之间的关系。研究内容包括：基于投资者自述，分析内部和外部动机对投资行为的影响；基于项目描述，分析内部和外部动机线索对融资结果的影响；基于投资者自述，分析自我和他人导向动机对投资行为的影响；基于项目描述，分析自我和他人导向动机线索对融资结果的影响；考虑情感特征的调节作用，分析动机线索对融资结果的影响。

本书适合经济管理类的本科生和研究生阅读，也可供金融领域从业人员以及众筹市场的研究人员参考阅读。

图书在版编目（CIP）数据

投资动机与众筹效果：基于文本分析的方法 / 王洪伟，袁翔著. —北京：科学出版社，2023.10

ISBN 978-7-03-076572-7

Ⅰ. ①投… Ⅱ. ①王… ②袁… Ⅲ. ①投资管理 Ⅳ. ①F830.593

中国国家版本馆 CIP 数据核字（2023）第 190623 号

责任编辑：陶 璇 / 责任校对：贾伟娟
责任印制：张 伟 / 封面设计：有道设计

科 学 出 版 社 出版
北京东黄城根北街 16 号
邮政编码：100717
http://www.sciencep.com

北京厚诚则铭印刷科技有限公司 印刷
科学出版社发行 各地新华书店经销

*

2023 年 10 月第 一 版 开本：720×1000 1/16
2023 年 10 月第一次印刷 印张：10 1/2
字数 212 000

定价：**128.00 元**
（如有印装质量问题，我社负责调换）

前　　言

众筹是借助互联网公开募集资金的一种方式，为个人创业者和初创企业提供了新的融资途径。然而，信息不对称会引发逆向选择和道德风险，导致诸多众筹项目融资失败。同时，投资者和融资者之间相距较远，实地调研困难，加上单笔投资金额小，投资者的监管动机也较低。因此，如何撮合融资交易已成为发起人、投资者以及平台共同关注的议题。

投资动机是影响投资者参与众筹行为的重要因素之一，已被学者引入了众筹项目融资绩效的研究中。分析投资者的参与动机，有助于洞悉其背后的投资目的，从而更准确地发掘影响投资者投资行为的因素。因此，本书将投资者的自我描述和融资者的项目描述作为研究对象，利用自我决定理论和利他理论，将投资动机分为内部和外部动机、自我和他人导向动机两个维度，系统性地分析众筹投资者的动机与行为关系，以及众筹项目的文本内容如何影响投资者动机因素。具体而言，本书包括以下几方面的研究工作。

（1）基于投资者自述信息，分析内部和外部动机对投资行为的影响。基于自我决定理论，本书把投资动机分为内部动机和外部动机两类。通过从投资者自述中提取动机特征，本书量化分析了投资动机和投资行为的关系。研究结果表明，投资者的外部动机和内部动机对投资行为都有正面的影响，但是当投资者加入投资团队中后，内部动机会减弱团队成员的投资行为。

（2）基于项目描述信息，分析内部和外部动机线索对融资的影响。通过从项目描述中提取刺激动机的文本线索，本书量化分析了动机线索对融资结果的影响。研究结果表明，创意类的项目中，内部动机描述均对融资结果产生正面影响。社会类的项目中，外部动机描述会对融资结果产生负面影响。技术创新类的项目中，外部动机描述会对融资结果产生正面影响。

（3）基于投资者自述信息，分析自我和他人导向动机对投资行为的影响。基于利他主义理论，本书把投资动机的目标对象分为自我导向和他人导向。通过从投资者自述中提取动机导向特征，量化分析了投资者的动机导向和投资行为的关系。研究表明，投资者的他人导向因素对投资行为有更明显的正面影响，参与众筹项目的投资团队的他人导向和投资行为也有更强的相关性。

（4）基于项目描述信息，分析自我和他人导向动机线索对融资的影响。本书从项目描述中提取刺激动机导向的文本线索，并量化分析了动机导向线索对融资结果的影响。结果表明，在社会类的项目中，自我导向的项目内容对融资结果有负面影响，他人导向的项目内容对融资结果有正面影响。在创意类的项目中，自我导向的项目内容对融资结果有正面影响。在技术创新类的项目中，他人导向的项目内容对融资结果有正面影响。

（5）考虑情感特征的调节作用，从动机线索对融资的影响入手进行分析。本书从项目描述中提取情感特征和动机线索，并量化分析了情感特征对动机线索和投资结果之间关系的调节作用。研究表明，情感强度对项目描述中的动机线索和融资结果的关系存在调节作用，项目描述文本的情感会减弱外部动机的刺激和增强内部动机的刺激。

本书以 Indiegogo 和 Kiva 两个全球知名的众筹平台为数据来源，采用文本挖掘与计量分析相结合的方法，研究了众筹投资者的参与动机及其对投资决策的影响。研究结果将有助于金融市场投资动机和行为研究体系的完善，特别是为众筹市场融资效率的提高提供实践指导，进而促进众筹市场的健康发展。本书的创新点体现在以下方面。

（1）基于投资者自我描述文本，探索了众筹市场中投资者动机与投资行为的关系，揭示了不同动机对投资者和投资团队的影响机理。

（2）基于投资者自我描述文本，探究了众筹市场中动机线索与融资成功率的关系，揭示了不同动机线索对投资行为的影响效应。

（3）基于投资者自我描述和众筹项目描述，从文本分析角度，探究了文本线索对投资者动机和行为的影响，拓展了文本分析方法在自我决定理论和利他理论研究中的应用。

（4）基于项目描述的文本分析，引入情感特征因素，探究了情感特征对动机线索和融资结果之间关系的调节效应，拓展了动机理论和情感分析在众筹市场的交叉研究。

感谢同济大学文科精品力作培育计划、同济大学管理科学与工程上海市高峰学科以及国家自然科学基金面上项目（71771177）资助本书出版。

王洪伟　袁　翔

2022 年 8 月 18 日

目 录

第1章 绪 论

1.1 众筹动机的研究背景和意义

1.1.1 众筹动机的研究背景

筹集资金是创业者在创业初期面临的重要问题，也是创业能否成功的关键因素（Steinberg，2012；Langley and Leyshon，2017）。传统的融资方式包括银行贷款、风险投资、天使投资等，但是这些方式并不能完全满足创业者的需求，原因有以下几点。

（1）传统投资机构投资门槛高。银行、投资公司等对创业者的要求高，硬性条件多，审查过程严。许多创业者的条件不达标或者融资过程不成熟，难以得到传统投资机构的青睐。

（2）传统投资机构的投资金额高。传统投资机构更倾向于高金额的投资项目，但是小型创业企业或者个人创业者在创业初期并不需要大额的资金（Collins and Pierrakis，2012）。

（3）传统投资机构投资周期长。因为传统投资机构设有复杂的内控流程，所以对投资项目的审查过程严、审查周期长。创业企业为了适应市场变化，需要更灵活的资金计划，而传统的融资模式会拉长这类企业的产品周期。

（4）传统投资机构数量少。相对于巨大的创业企业融资市场，传统的投资机构数量太少。天使投资机构是创业公司的主要投资来源，但是只有不到3%的创业公司获得过天使投资的支持（Pope，2010）。

创业者在起步初期更倾向于从在线社群中寻找投资者（Tomczak and Brem，2013），这种融资方式逐渐演变成众筹（crowdfunding）模式。众筹是一种借助互联网公开募集资金的方式，它通过捐赠、预购商品或享有获得其他回报的权利等方式，为具有特定目的的项目提供资金支持。随着互联网的发展，众筹市场作为互联网金融的重要融资方式备受资本市场的关注，甚至奥巴马参加 2008 年美国总统竞选的大部分资金也是通过众筹网站进行募集的（Hemer，2011）。

自 2009 年以来，众筹市场一直保持 10%以上的年增长率。2018 年其全球规模已达到 340 亿美元。世界银行集团估算，2025 年其市场规模将达到 3000 亿美元（Short et al.，2017）。众筹已经成为融资的重要手段之一，它不但为经济、社会和文化创业提供了更加开放和平等的资金来源（Langley and Leyshon，2017），也消除了中小型企业的资金需求和传统融资方式的分歧（Paulet and Relano，2017；Mokhtarrudin et al.，2017）。

随着众筹市场的快速发展，融资成功率低成为第三方平台普遍面临的问题。统计表明，81%的项目筹集到的资金没有达到预计目标的 20%（Forbes and Schaefer，2017），融资成功率严重影响了众筹平台以及投融资双方的利益。以 Kickstarter 为例，Kickstarter 作为世界上最大的众筹平台之一，主要使用达标募资（all or nothing）的融资模式。达标募资指融资者在项目开始时设置一个融资目标，如果项目融资期结束时融资金额达到或者超过融资目标，那么融资者就可以获得这笔资金；但是如果没有达到预期目标，融资者将无法获得任何资金，并且平台会把所有已经筹得的资金如数返还给投资者。目前，Kickstarter 平台已经成功为 24 万个项目筹集到约 75 亿美元的资金，共有 2240 万位投资者参与了 9017 万次投资行为。尽管如此，Kickstarter 官方公布的项目融资成功率约为 40%，约六成的项目无法获得资金的支持（Kickstarter，2023）。尽管融资成功率低，但项目的融资筹备还是占用了融资者大量的时间，融资周期通常持续半个月到两个月之久（Gerber and Hui，2013）。项目发起人在融资过程中花费时间和精力后，仍然存在巨大的失败风险，这对融资者来说是种巨大的损失。

众筹项目的融资失败，可以归因于以下几点。

（1）项目没有找到对应的投资者群体，以及没有针对合适的投资者群体进行项目介绍。众筹市场存在不同类型的投资者群体，不同投资者群体的投资动机和投资意愿都存在差异。如果项目没有找到适合自己的投资团队，就无法有针对性地去吸引投资者。

（2）项目描述内容没有吸引和刺激投资者的兴趣。投资者具有不同的兴趣点和动机，如果项目描述内容没有触发投资者的投资动机，就无法吸引到足够多的投资。

（3）项目描述方式不适用，导致投资者的兴趣不够或者没有产生投资的意愿。

此外，项目描述和投资者兴趣即使匹配，如果项目描述方式不适合，投资者的兴趣依然不高，其投资动机也无法被有效触发。这种情况经常会在文本情感中出现，例如，资助类的项目通常需要使用更悲伤的情绪来博取同情，如果项目描述中的情绪过少，可能无法打动投资者。

上述种种原因都会影响投资行为和投资结果，并最终影响项目的融资成功率。目前，融资成功率的研究集中在项目因素和融资结果的相关性分析方面，而且针对投资动机的研究也是以问卷调查的方式为主。实际上，同样的投资结果可能由不同的投资动机所导致。不去深究触发行为的动机，这些行为产生的根本原因以及行为的潜在差异就会被忽略。可以说，对投资动机进行分析，可以洞察投资者行为背后的投资目的，从而更加准确地分析投资行为的影响因素及投资行为之间的差异，这对融资成功率的研究具有重要的理论意义。

传统的问卷调查难以获取投资者真实的动机，尤其是难以量化投资动机如何被众筹项目所吸引。为了降低投融资双方的信息不对称性，第三方平台会为双方提供展现各自信息的机会，这也为研究投资动机开辟了一条新的思路。文本信息占据了众筹平台的主要显示位置，它也是投资者和融资者信息展示与交互的主要方式。文本信息作为投资者了解众筹项目和自我表达的重要渠道，可以帮我们获取投资者参与投资行为的线索，并提供分析投资者行为和动机的量化方法。鉴于这种重要性，本书将从文本分析的角度分析投资者投资动机和投资行为的关系。

1.1.2　众筹动机的研究意义

从理论意义上来说，针对众筹模式的动机研究，国内外已有一定的研究成果。但是，基于众筹项目文本描述方面的动机研究，鲜有系统性的研究成果。本书基于动机理论，采用文本挖掘、行为分析、计量经济学相结合的方法，建立众筹项目的投资动机和投资行为的理论模型，揭示投资动机和投资行为之间的关系，洞察投资行为背后的驱动原因，同时使产生行为的原因更具说服力。这一研究有助于丰富互联网金融市场投资行为研究的理论体系。

从实践应用来说，众筹平台上的项目发起人普遍存在疑惑：如何有效地通过项目内容来吸引投资者，并提高项目的融资成功率？对于这个问题，目前的研究主要探寻哪些因素可以提高融资成功率，并没有区分这些因素对投资者不同动机的吸引作用。本书针对投资动机的研究成果，从语言学的角度，为融资者提供吸引投资者的项目内容的组织方式、描述用词、情感特征等实践指导。

1.2　众筹动机的研究内容和方法

1.2.1　研究内容

动机是探讨个体行为的重要基础。个体的行为虽然表现一样，但是这些行为可能是由不同的动机触发的，而不同动机背后的原因也可能不同。从动机的激活性角度来看，动机存在内部特性和外部特性；从动机的导向性角度来看，动机存在自我和他人的区别。

内部和外部、自我和他人的动机特征在众筹市场同样会影响投资者的行为。一方面，投资者参与众筹的过程中存在不同的动机，这些动机会影响到他们的投资行为。例如，具有外部动机的投资者是否会进行更频繁的投资？另一方面，众筹项目内容会通过刺激投资者的投资动机，进而影响项目的融资结果。例如，项目内容通过强调回报来刺激投资者的外部动机，是否真的可以吸引更多的投资者？

众筹平台的投资者自我描述和众筹项目描述，分别来自投资者和融资者，这为探究投资动机与行为的关系提供了机会。投资者自我描述可以提供文本信息来挖掘投资者的动机特征；众筹项目描述可以提供文本信息来探究项目刺激投资者动机的线索。因此，本书将基于投资者自我描述和众筹项目描述的文本分析，利用自我决定理论和利他理论，将投资动机分为内部和外部动机、自我和他人导向动机两个维度，系统性地分析众筹投资者的动机与行为的关系。

研究问题包括以下五个方面。

1. 众筹投资者的内部和外部动机对投资行为的影响

投资动机对于众筹市场的研究尤为重要，而众筹项目的投资者与传统投资者存在差异。首先，众筹市场面向互联网人群，而互联网人群和传统投资市场的专业投资群体有区别。不同的投资群体关注的内容有区别（Allison et al.，2017），其投资动机也存在一定的差异。其次，传统投资行业把获得回报作为投资的主要原因，而众筹市场却具有更为多样化的投资动机。众筹投资回报可以是现金回报，也支持商品或者署名等回报方式。投资回报类型的多样性会造成项目对投资者的吸引力不同，进而导致投资者的投资原因存在多样性。

投资动机存在内部性和外部性的区别，如果不分析行为背后的动机，投资者行为的差异会被忽略，导致不同行为的影响因素被混淆。例如，追求回报的投资和追求兴趣的投资，受到的外界影响和刺激可能会有很大的区别。因此，发掘众筹市场的投资动机是深入分析投资者投资行为的重要途径。

2. 众筹项目描述的内部和外部动机线索对融资结果的影响

在众筹平台上，融资者会通过项目内容来吸引投资者，如项目标题、融资金额、项目描述等，其中项目描述是融资者对众筹项目的重要展示方法。融资者会在项目描述中展示项目的高额回报，以此吸引期望获得高额回报的投资者；融资者也可以在项目描述中展示自己糟糕的处境来博取同情，以此吸引同情心较强的投资者；还有的融资者会在项目介绍中展现项目的创新性或者重要性，以此获得好奇心重的投资者。

研究表明，项目描述对融资结果有着重要影响（Martens et al.，2007；Mollick，2014；Ahlers et al.，2015）。现有研究集中在项目因素和项目描述两个方向：基于项目因素的分析，采用众筹项目的量化因素研究对融资成功率的影响，如融资金额、融资天数、融资者背景等；基于项目描述的分析，采用文本关键词和文本修饰等内容，研究文本信息对融资成功率的影响。但是，针对项目文本的研究主要围绕文本信息和融资成功率的关系，并没有区分项目描述对内部和外部动机的影响。项目描述可能通过内部和外部动机线索刺激投资者的投资动机，最终影响融资结果。因此，发掘项目描述的内部和外部动机线索，是探究项目描述价值的重要途径。

3. 众筹市场的自我和他人导向动机对投资行为的影响

在众筹市场中，投资者会因为各种投资动机而产生投资行为，同时投资行为也存在动机导向的区别。投资者动机所期望改变的对象有所不同，有些投资者的目标就是以自我为中心（self-oriented），有些投资者首要考虑的是以其他人为中心（other-oriented）。

投资行为的动机导向会影响投资者的投资行为，它是众筹动机分析的重要环节。在风险投资领域，投资者的投资对象一直存在争议：投资者青睐的是项目创意还是创业者本身（Kaplan et al.，2009；Marom and Sade，2013）。不同于考虑动机产生的原因，动机导向考虑更多的是为了实现个人动机的目标导向，同样的动机目标可以有不同的动机导向。例如，投资者为了实现利益最大化，能以自我为中心，实现理性化行为（Persky，1995）；也能以他人为中心，实现集体利益最大化（Nair and Ladha，2014）。

目前，针对众筹市场投资导向的研究相对较少，相关研究大都围绕投资者的投资目标是项目创意还是创业者本身，鲜有考虑投资者以自我为中心的动机导向。现实中，投资者不仅以帮助他人为由去支持项目或者创业者，也可能会从自我角度出发去实现个人欲望。分析投资行为的动机导向，可以了解投资者关注的对象，发掘投资动机实现的方向，对众筹市场的投资者管理和引导具有重要的意义。

4. 众筹项目描述的自我和他人导向动机线索对融资结果的影响

通常，融资者会在项目描述中采用不同的叙述方式。当融资者叙述自己的改变或者自己的需求的时候，会让具有他人导向的投资者产生更强的投资意愿；当融资者对投资者进行描述的时候，会让具有自我导向的投资者产生更强的投资意愿。例如，基于他人导向的投资者为了获得更多回报，可能更期望他人谈论自己的收益和回报（Rivoli，1995）。

现有文献关于众筹项目描述和动机导向的研究很少，主要研究方向是讨论众筹项目描述和融资成功率的关系，并没有考虑不同描述方式对投资者动机导向的影响。项目描述可能通过自我或他人导向动机线索，吸引对应倾向的投资者，最终影响融资结果。因此，发掘项目描述的自我和他人导向动机线索，是探究项目描述价值的重要途径。

5. 众筹项目的情感特征对动机线索和融资结果关系的调节作用

融资者在撰写项目信息的时候，会带有个人情感，导致项目信息中存在不同的情感特征。情感特征会对投资者动机产生影响，进而影响众筹项目的融资结果。

情感能够对个体的行为动机产生影响（Zeelenberg et al.，2008），情感特征对投资者动机也会有影响。追求回报的投资者更期望看到积极、热情的表达方式（Wheat et al.，2013），这些内容可以增强投资者对项目的信心；富含同理心的投资者则更期望收到负面情绪的内容（Rhue and Robert，2018），如他人可悲的过往或者更多的求助，这些负面情绪能够引发投资者更多的保护欲望。

可见，不同的情感特征对投资动机线索和融资结果的关系具有不同的调节作用。探究这类调节作用，有利于分析众筹项目中投资动机和投资行为的关系，挖掘影响投资动机的项目因素，对众筹项目融资成功率的提高有重要的意义。

1.2.2　研究方法

本书涉及计量经济学、计算机科学、语言学、心理学等多个学科，采用多学科的理论、模型和技术展开实证研究。主要的研究方法包括以下几种。

1. 数据挖掘技术

数据挖掘技术包括信息采集技术和信息检索评价方法。本书基于信息采集技术，通过网页爬虫程序，分析网页的源代码，并且获取网页内的有效展示信息。该方法实现了自动化获取链接、分析链接、抓取内容、整理并保存数据。

2. 心理学理论

心理学理论采用"刺激-组织-反应"框架作为理论模型搭建的基础，同时借鉴自我决定理论、利他理论等心理学理论，提出模型假设，在此基础上构建众筹项目的投资者动机与投资行为的计量分析模型。

3. 自然语言处理技术

自然语言处理技术包括语料预处理、语义计算、句法分析、情感分析、关键字提取和语料库技术。利用语义词典提取主题词汇，并将语义相近的词语进行聚类，从而建立主题语料库。通过语义分析和句法分析的方法，将目标文本内容转换成结构化关系，并提取表达语句内容的特征词。利用主题语料库和目标文本的特征词，进行文本信息分析和情感特征提取。

4. 计量经济方法

计量经济方法对样本数据进行描述性统计分析，并对投资动机、投资行为、项目内容等因素进行相关性分析。采用多元回归分析的统计检验方法研究投资动机、投资行为、项目内容等多个因素之间的关系和影响。

1.3　众筹动机的研究思路

1.3.1　基本概念

根据研究的需要，对基本概念的定义如表 1.1 所示。

表 1.1　基本概念定义

基本概念	定义
众筹平台	提供众筹双方交易的第三方平台
众筹项目	众筹平台中期望获得财务投资的融资项目
投资者	众筹平台中通过财务投资获得物质或者非物质回报的参与者
融资者	即项目发起人，众筹平台中通过获得财务投资达成项目目的的参与者
投资行为	众筹平台中通过财务投资获得物质或者非物质回报的行为
投资动机	众筹平台中触发投资者产生财务投资行为的动机
动机导向	众筹平台中投资者动机所期望改变的对象
项目内容	众筹平台中项目页面中展示的项目信息
项目描述	众筹平台中项目页面中描述项目详细信息的文本内容
自我描述	众筹平台中投资者展示的信息中对自我信息进行描述的文本
动机特征	文本信息中和动机相关的文本特征
动机导向特征	文本信息中和动机导向相对应的文本特征
情感特征	文本信息中和情感相关的文本特征

1.3.2　逻辑思路

本书基于文本挖掘和计量经济学的研究范式，对众筹市场的投资动机和投资行为进行研究。首先，设计网络爬虫程序，从第三方众筹平台采集投资者信息、投资者自我描述、项目描述和项目信息；其次，利用文本分析方法，对投资者自我描述和项目描述的文本内容进行处理；再次，构建理论模型，并将文本分析的结果代入理论模型；最后，量化分析投资动机对投资行为和融资结果的影响。具体而言，包含以下五个部分。

1. 内部和外部动机对投资行为的影响

从投资者自我描述出发，分析内部和外部动机对投资行为的影响。首先，以众筹平台的投资者自我描述作为研究对象，采集并整理投资者自我描述，并通过语义分析的方式处理自我描述；其次，利用动机相关的语料库，提取自我描述中表达内部动机和外部动机的特征词；最后，建立动机和投资行为的计量模型。

2. 内部和外部动机线索对融资结果的影响

从众筹项目描述出发，分析内部和外部动机线索对融资结果的影响。首先，采集并整理众筹项目描述文本，并通过语义分析的方式处理项目描述文本；其次，利用动机相关的语料库，提取项目描述中内部和外部动机线索；最后，基于项目描述中内部和外部动机线索，建立动机线索和融资结果的计量模型。

3. 自我和他人导向动机对投资行为的影响

从投资者自我描述出发，分析自我和他人导向动机对投资行为的影响。首先，以众筹平台的投资者自我描述作为研究对象，采集并整理投资者自我描述文本，并通过语义分析和句法分析的方式处理自我描述内容；其次，提取表述自我和他人导向的文本特征；最后，建立动机导向和投资行为的计量模型。

4. 自我和他人导向动机线索对融资结果的影响

从众筹项目描述出发，分析项目描述中自我和他人导向动机线索对融资结果的影响。首先，采集并整理众筹项目描述文本，并通过语义分析和句法分析的方式，提取项目描述中自我和他人导向动机线索；其次，基于项目描述中的动机导向特征，建立众筹项目的动机导向特征和融资结果的计量模型。

5. 众筹项目的情感特征对动机线索和融资结果关系的调节作用

从众筹项目描述出发，分析项目描述中情感特征对动机线索和融资结果关系的调节作用。首先，采集并整理众筹项目描述文本，并通过情感分析和句法分析的方式，提取项目描述中的情感特征；其次，基于项目描述中的情感特征和动机线索，建立众筹项目的情感特征、动机线索和融资结果的计量模型。

1.3.3　本书结构

全书共 9 章，章节之间相互联系，构成了一个较为完整的研究体系。其中，第 1 章为绪论，介绍研究背景和意义、研究内容和方法以及研究思路；第 2 章为众筹项目及投资动机研究进展，明确研究的切入点；第 3 章介绍众筹项目投资动机的理论基础；第 4 章、第 5 章基于自我决定理论的内部和外部动机，对投资动机进行研究；第 6 章、第 7 章基于利他理论的自我和他人导向动机，对投资动机导向进行研究；第 8 章考虑情感特征的调节作用，研究动机线索对融资结果的影响；第 9 章为总结和展望。

第 1 章首先介绍本书的研究背景，指出研究的意义，在此基础上提出拟解决的关键问题；其次，基于拟探究的科学问题，提出本书的研究目标，并给出研究内容和研究思路；最后，介绍本书的组织结构和创新点。

第 2 章对相关研究文献进行梳理。首先，介绍众筹的概念及众筹项目的类型；其次，从投资方和融资方的角度，梳理有关众筹项目融资效果的相关研究；再次，介绍众筹项目的文本描述类型及其特点，包括项目描述和投资者自述文本；最后，梳理有关众筹项目投资动机的研究，并对研究现状进行评述，发现存在的不足及改进的方向。

第 3 章提出本书的动机理论框架，首先梳理本书使用的动机理论，包括刺激-组织-反应模型、自我决定理论和利他主义理论；其次，基于动机理论提出本书的动机研究框架。

第 4 章基于投资者的自我描述文本，研究内部和外部动机对投资行为的影响。投资者的投资行为会因为不同的投资动机产生，识别众筹平台中投资者的投资动机，有利于挖掘投资者参与投资的原因。投资者自我描述是投资者对自己参与众筹原因的叙述。该章对投资者的自我描述进行文本分析，将投资动机分为外部动机和内部动机两种类型，发掘投资者在不同投资动机上的倾向。

第 5 章基于项目描述的文本内容，研究内部和外部动机线索对融资结果的影响。投资者的投资动机会被项目描述刺激，并最终产生投资行为。该章对项目描述进行文本分析，发掘刺激投资动机的文本线索，并分析这些文本线索和融资结果的关系。

第 6 章基于投资者的自我描述文本，研究自我和他人导向动机对投资行为的影响。该章将动机导向分为他人导向和自我导向两种类型，并对投资者的自我描述进行文本分析，挖掘基于动机导向的文本特征，并分析投资者的动机导向和投资行为的关系。

第 7 章基于项目描述的文本内容，研究自我和他人导向动机线索对融资结果的影响。融资者在描述项目时会使用不同的叙述方式，并带有一定的描述对象的倾向。该章基于他人导向和自我导向两种倾向，对项目描述进行文本分析，挖掘基于动机导向的文本特征，并分析项目描述中的导向特征对融资结果的影响。

第 8 章考虑情感特征的调节作用，研究动机线索对融资结果的影响。融资者在描述项目时会附带自己的情感，这些情感会对投资者产生影响。该章对项目描述进行情感分析，挖掘项目描述的情感特征，并分析情感特征对动机线索和融资结果关系的调节作用。

第 9 章对全书的研究成果进行总结，并指出研究不足以供今后进一步完善。本书的结构体系如图 1.1 所示。

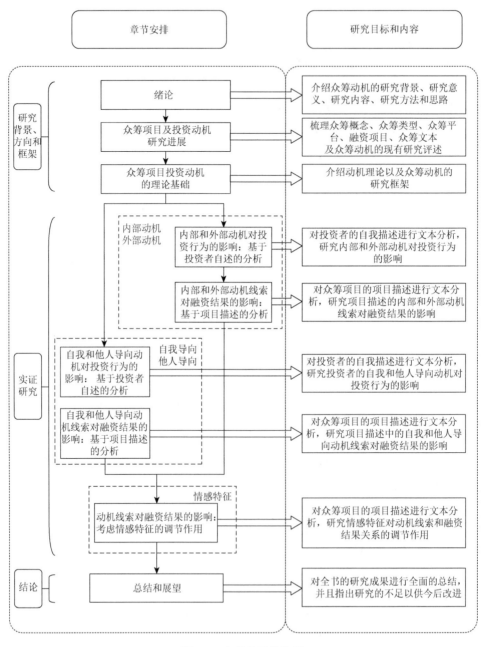

图 1.1　本书的结构体系

1.3.4　本书创新点

本书以第三方众筹平台为研究对象，爬取投融资双方生成的文本内容，基于统计自然语言处理技术，通过构建计量分析模型，对投资者投资动机和投资行为展开系统性的实证研究。创新点包括以下几点。

1. 建立了众筹市场中投资者动机对投资行为的影响模型

有关众筹市场的研究主要集中在融资者自身因素和投资行为之间的关系上，较少关注投资者投资动机和投资行为的关系。本书通过自我决定理论和利他理论，将投资动机分为内部和外部动机、自我和他人导向动机两个维度。基于投资者自我描述文本，本书提取了内部和外部动机、自我和他人导向动机的文本特征，分析了投资动机对投资行为的影响，探究动机对投资者投资行为的影响机制，发现了不同动机对投资者和投资团队的不同影响。上述研究为动机理论在众筹市场的应用提供了实践指导，并为众筹市场的投资者动机分析提供了理论依据。

2. 建立了众筹市场中动机线索对融资结果的影响模型

有关融资绩效的研究主要集中在项目因素和融资结果之间的关系上，较少关注项目因素如何影响投资者动机并最终影响融资结果。具有不同投资动机的投资者，受项目因素的影响也存在差异。因此，基于投资者自我描述文本，本书提取了内部和外部动机、自我和他人导向动机的文本线索特征，分析了动机线索特征对融资结果的影响，探究项目描述中动机线索和融资成功率之间的关系，发现了不同动机线索的不同作用。上述研究为动机理论在众筹市场的应用提供了实践指导，并为众筹绩效的提升提供了理论基础。

3. 提出了基于文本分析方法的投资者动机研究模型

众筹领域的投资者动机研究以问卷调查方式为主，并没有充分利用文本分析的方法去研究投资者动机。传统的问卷调查方式很难获取投资者在进行投资时的真实动机，也难以量化投资者的投资动机如何被众筹项目所吸引。本书利用投资者自我描述和众筹项目描述，从投资者的投资动机和动机导向两个方向，对投资者的投资动机和投资行为的关系进行实证研究。本书通过文本分析研究投资动机和投资行为的关系，论证了众筹市场中投资动机的多样性，并拓展了文本分析方法在自我决定理论和利他理论研究中的应用。

4. 建立了加入情感特征的投资动机研究模型

针对众筹领域的情感分析研究主要集中在情感特征对融资结果的影响上，鲜有分析情感特征和投资动机的关系。情感特征对投资动机和投资行为都存在影响，期望回报的投资者和无偿资助的投资者希望看到的情感表述也会有区别。本书从项目描述中提取情感特征和投资动机线索，探究情感特征在动机线索与融资结果关系中产生的作用，发现了情感特征对动机线索和融资结果之间关系的调节作用，也开拓了动机理论和情感分析在众筹市场的交叉研究。

第 2 章　众筹项目及投资动机研究进展

2.1　众筹概念及类型

2.1.1　众筹的基本概念

近年来，众筹市场发展迅猛，成为融资的重要手段之一。根据行业报告，2011 年众筹市场规模达到 15 亿美元，一年之后其市场规模上升到 27 亿美元，超过 100 万个项目在众筹市场融资成功（Tomczak and Brem，2013；Massolution，2015）。2013 年之后，众筹市场进入爆发性增长阶段，2013 年其市场规模上升到 61 亿美元；2014 年达到了 162 亿美元，增幅达到 166%（Massolution，2015）；2018 年，其全球市场规模已达到 340 亿美元。世界银行集团估算，众筹市场的规模在 2025 年将达到 3000 亿美元（Short et al.，2017）。

众筹是一种创新的融资方式，为创业者提供早期的资金支持。作为传统融资的替代方式，众筹可以弥补传统融资方式中资金供应和中小型企业资金需求的分歧（Paulet and Relano，2017；Mokhtarrudin et al.，2017），也为不同行业的创业提供了更加开放和平等的资金来源（Langley and Leyshon，2017）。众筹对企业创新发展的促进作用引起了各国政府的关注，例如，美国政府为了保护早期创业者和投资者的权益，早在 2012 年就颁布了《JOBS 法案》（Stemler，2013）。

众筹模式引发了学术界的关注。目前，针对众筹项目的研究以实证分析为主，例如，众筹项目的融资成功率（Martens et al.，2007；Mollick，2014；Ahlers et al.，2015）；众筹项目的文本挖掘（Jancenelle et al.，2018）；众筹项目的交互行为（Wang et al.，2018a）；众筹项目的融资模式（Kuppuswamy and Bayus，2013）等。总体而言，众筹领域的研究并不广泛，但是进展迅速。

众筹一词来源于众包（crowdsourcing），众包是指把一个独立的工作分包给一个庞大的群体，利用集体的力量来完成。相对于传统的工作模式，众包具有以下特点：①传统工作模式是由明确的承接方去承接和处理工作，而众包是由众多承接方同时承接和处理工作；②传统工作模式是承接方的管理者将工作分配给承接方成员完成，而众包是由承接方成员自行协商推进工作（Hirth et al.，2013）。众筹具备众包模式的特点，它也是众包在金融融资方面的具体形式。

众筹是一种借助互联网公开进行资金募集的方式。众筹通过捐赠、预购商品或享有获得其他回报的权利等方式，为具有特定目的的项目提供资金支持。Tomczak 和 Brem（2013）将众筹定义为"向大众筹集资金"，并指出众筹的本质为大众参与。此外，学者将众筹的应用场景加入众筹的定义中（Tomczak and Brem，2013；Belleflamme et al.，2014）。Lambert 和 Schwienbacher（2010）将众筹定义为"通过公开方式，以回报或者无偿捐赠的形式，以一定资金来支持项目发起人的活动"。这一定义体现了众筹是一种以公开的方式开展的融资活动，但是忽略了定向众筹（direct crowdfunding）和非定向众筹（indirect crowdfunding）的区别。这两类众筹的区别在于，定向众筹只向固定群体而不是公开群体筹集资金，例如，社区网站在社区内部筹集资金，或者明星在个人网站上向粉丝筹集资金。Voorbraak（2011）将众筹定义为"融资方为了支持某个项目的发展，向公众请求并获得资金或其他资源，并提供金钱或非金钱作为回报的行为过程"。这一定义不但说明了众筹是一种筹集资金的方式，也表现了众筹后期回报的模式。

综上所述，有关众筹的定义都强调众筹是一种涉及多个参与者的金融行为，但是对于参与者的数量并没有明确的规定。Petersen（2011）认为至少有 5000 人参与的项目才算众筹，但是目前成功融资的众筹项目大多只有几十个投资者参加。根据规模最大的众筹网站 Kickstarter 上的统计数据，众筹成功的项目的平均参与人数不足百人（Kickstarter，2023）。

2.1.2　众筹的基本类型

基于众筹市场的现状，根据投资者收益的形式，可以将众筹分为五种类型：基于股权的众筹模式、基于借贷的众筹模式、基于捐赠的众筹模式、基于回报的众筹模式以及多种模式混合等。Danmayr（2013）对众筹市场中的 765 个众筹平台进行统计，并列出了各种众筹类型的占比，如表 2.1 所示。

表 2.1　众筹模式的网站占比

众筹模式	所占比例
基于股权的众筹	14%
基于借贷的众筹	7%
基于捐赠的众筹	29%
基于回报的众筹	37%
多种模式混合	12%
其他	1%

从表 2.1 中可以看出，目前主要的众筹模式是基于回报的众筹模式。几个知名的众筹平台，如 Kickstarter、Indiegogo 也是基于回报的众筹模式。基于回报的众筹模式不但对新产品的销售有帮助，对推广整个众筹模式也起到了积极的作用。除了基于回报的众筹模式以外，基于捐赠的众筹模式也占有较大的比例，这主要得益于很多线下的公益性项目向线上迁移。基于股权的众筹模式和基于借贷的众筹模式的发展则不及前两者，下面对这四种众筹模式进行介绍。

1. 基于股权的众筹模式

在基于股权的众筹模式下，融资者会在创业成功或者到达指定阶段后，将一定的股权分给投资者作为投资回报。基于股权回报的投资者，通常更关注自己的股权利益最大化，他们在选择项目时主要关注的是项目的发展前景和可持续能力（Tomczak and Brem，2013）。目前主流的股权众筹平台以 Wefunder 和 SellaBand 为代表。

基于股权的众筹模式的回报价值波动较大，投资者在投资过程中难以衡量回报的价值，所以基于股权的众筹模式需要政策约束，它的发展受到政策的影响也很大。基于股权的众筹模式中，投资者通常因为信息的不对称而处于不利的地位，投资者的不专业性会扩大这种劣势，因此需要更全面的投资者保护监管政策。美国政府为了保护早期创业者和投资者的权益，于 2012 年颁布了《JOBS 法案》，基于股权的众筹模式就是该法案的重点保护对象。政策要确保中小企业在资本市场上融资更容易，同时也要出台更健全的投资者保护法规。

投资者保护的重要性不言而喻，但是也有学者认为这种保护会降低基于股权的众筹模式对金融创新的帮助。Hornuf 和 Schwienbacher（2017）分析了不同国家的监管改革如何影响基于股权的众筹模式，并认为最优的监管取决于能否获得风险资本和天使融资等早期融资，而过于强大的投资者保护可能会伤害小公司和创业计划。这个结论与传统的投资者保护观点形成鲜明的对比，后者认为基于股权的众筹模式需要更强的投资者保护。

相较前两种观点，Xu 和 Ge（2017）更强调金融创新与风险控制这两者的平衡。虽然基于股权的众筹模式的合法性早在 2015 年的"首例股权众筹案"就得到了司法确定，但并没有正式的法律、法规或规定来规范众筹融资。Xu 和 Ge（2017）认为基于股权的众筹模式的监管应在"金融创新"与"风险控制"之间寻求平衡。从微观角度来看，基于股权的众筹模式的性质和运行机制是决定基于股权的众筹模式的法律框架和监督机制的两个前提，同时，开放、公开、小额的特点决定了基于股权的众筹模式的性质；从宏观的角度来看，不应简单地认为基于股权的众筹模式是一种融资方式，而应该强调它对创业和创新的积极作用，使其成为促进经济和社会发展的助推器。

对基于股权的众筹模式的研究,目前主要关于基于股权的众筹模式的运作机制、对投资者权益的保护以及监督机制等,但是基于股权的众筹模式的发展也很大程度上受到融资者的影响。基于股权的众筹模式稀释了融资者的控制权,因此并非所有融资者都倾向于使用股权进行融资。产品预售作为基于股权的众筹模式的替代方案,具有不同的适应条件。如果市场容量相对较小并且启动资金要求较少,企业更倾向于采用预售的模式;在其他情况下,企业更倾向于基于股权的众筹模式(Belleflamme et al.,2014)。融资者的区别也会影响基于股权的众筹模式的态度,例如,不同性别的管理者对于基于股权的众筹模式的态度也有差异。相对于男性管理者,女性管理者更倾向于从企业内部渠道筹集资金,而不喜欢通过众筹模式来融资(Eeds et al.,1995)。学者对基于股权的众筹模式的成功因素等也进行了研究,基于股权的众筹模式的融资结果受诸多因素的影响,包括财务透明性、财务风险、创始人的领导力、人脉资本以及信息等级(Ahlers et al.,2015)。

2. 基于借贷的众筹模式

基于借贷的众筹模式是传统借贷的拓展。融资者向广大公众借款,并承诺在一定周期内偿还借款本金,同时给予事先约定的利息。基于借贷的众筹平台主要有 Zopa 和 Prosper 等。这类众筹是传统借贷的一种新的表现形式,对金融科技的发展也起到积极作用(Chishti,2016)。首先,基于借贷的众筹模式跳过了银行或者信贷机构冗长的审核流程,加快了借贷撮合的速度。其次,它允许多个投资者共同借钱给一个融资者。多个投资者的参与增加了借贷撮合的难度,同时也降低了每个投资者的投资金额,分散了投资风险。最后,基于借贷的众筹模式也为金融机构互联网借贷的发展提供了实践经验。

基于借贷的众筹模式与基于股权的众筹模式的区别在于给予投资者的回报方式是固定利息收益还是公司股权。基于借贷的众筹模式中,投资者并不太关注融资者项目本身的价值增值,而更关注融资者许诺的固定利息及个人信用。Kuppuswamy和 Bayus(2013)采用信号显示理论进行研究,发现基于借贷的众筹模式中,投资者的核心目标是在可控风险内实现收益的最大化,所以相关的研究集中在项目及借款者的质量评价方面。Herzenstein 等(2011b)分析了基于借贷的众筹模式中陈述方法对众筹结果的影响,发现了融资者的信誉对投资者决策的重要性;Herzenstein 等(2011a)则认为羊群效应在基于借贷的众筹模式中有着重要作用。

3. 基于捐赠的众筹模式

基于捐赠的众筹模式是传统慈善行为在互联网的延伸,参与众筹的投资者不会得到任何回报,纯粹是为了帮助融资者成功完成项目。基于捐赠的众筹模式的典型代表是 JustGiving 和 Spot.us。相对于传统的慈善行为，基于捐赠的众筹模式的目的更广泛，包括慈善活动、个人目的和商业目的等。

4. 基于回报的众筹模式

基于回报的众筹模式是占比最大、发展最快的众筹模式（Massolution，2015）。作为近年来的热点应用之一，基于回报的众筹模式汇集了世界规模最大的一批众筹平台，如 Kickstarter、Indiegogo 等。基于回报的众筹模式不直接给予投资者现金或者股权奖励回报，而是以实际商品或者虚拟物品作为对投资者的奖励，这实际上是提前销售产品的一种策略（Hemer，2011）。在这种模式下，融资者通过众筹获得项目推进的资金，也能获得产品预售的机会，并在众筹结束后利用融资资金获得利润（Du et al.，2017）。Bradford（2012）认为基于回报的众筹模式和基于预售的众筹模式属于两种不同的模式。同时，也有学者认为预售回报也是一种基于奖励的投资回报，两者都应归为基于回报的众筹模式（Marom and Sade，2013）。实际上，因为预售模式的存在，基于回报的众筹模式已不再是一种单纯的融资方式；融资者可以在基于回报的众筹模式下提前获知产品在市场上的反应，并在众筹过程中不断获取反馈并改进产品。这些特殊的合作模式也是基于回报的众筹模式发展较快的原因之一。

基于回报的众筹模式分为两种类型：①达标募资模式，是指只有当项目实际筹集资金达到或超过预设的融资金额目标时，融资者才能获得筹集的全部资金，否则将把筹集到的资金如数返还给投资者；②累积募资（keep-it-all）模式，是指即使融资金额没有达到预设的融资目标，融资者也将保留所有已筹得的资金。相比较而言，达标募资模式设立的融资目标将对能够获得的融资金额有着关键的影响。在达标募资模式中，如果融资者的融资目标设立过低，会导致项目筹集的资金不足；如果融资目标过高，可能会导致项目融资失败而无法获得任何资金支持。

在基于回报的众筹模式下，投资者的期望是获得回报奖励，回报提供的价值和方式都会影响投资者的投资行为（Lin et al.，2016）。回报可分为四类：①产品，如游戏软件、创新电子产品等；②合作方式，如投资者成为游戏角色等；③独特的体验，如参观电影片场、加入社群等；④纪念品，如签名明信片、T 恤等（Kuppuswamy and Bayus，2013）。

尽管众筹市场拥有多样化的模式，但其整体的融资成功率并不理想。统计表明，81%的众筹项目融资金额没有达到筹集目标的 20%（Forbes and Schaefer，2017）。融资成功率严重影响了第三方平台以及投融资双方的利益。以世界最大的众筹平台 Kickstarter 为例，截至 2023 年，Kickstarter 成功为 24 万个项目筹集到了约 75 亿美元的资金，但是融资成功率约为 40%，约六成的众筹项目无法获得资金的支持（Kickstarter，2023）。众筹项目的筹备需要占用融资者的大量时间，融资周期通常要持续半个月到两个月之久（Gerber and Hui，2013）；融资者在融资过程中花费时间和精力后，如果仍然面临巨大的失败概率和风险，这对融资者来说是种巨大的损失。

如前所述，融资成功率对众筹市场的发展起到重要作用，本书将融资成功率的影响因素分为三个方面。

（1）投资方因素。投资者是众筹项目的资金提供者，投资者对融资结果有着重要影响。

（2）融资方因素。融资者是众筹项目的发起人，融资者自身因素以及项目因素都会影响投资者的决策，其中项目信息也包括用户评论等交互信息。

（3）众筹平台因素。众筹平台是撮合投融资双方交易的重要因素，如何将合适的投资者引导给融资者对融资结果也有着重要影响。

2.2　众筹平台及融资项目

2.2.1　众筹平台介绍

本书使用 Indiegogo 和 Kiva 两个平台作为数据来源。Indiegogo 平台适用于项目层面的分析，因为它提供了项目信息和广泛的项目类别，兼具达标募资和累积募资两种融资模式；Kiva 平台适用于投资者层面的分析，因为它提供了投资者自我描述信息和投资者投资原因描述，还兼具回报类和捐赠类的投资者属性。

具体而言，选择 Indiegogo 和 Kiva 的原因如下。

（1）平台信息公开且友好。众筹平台只展现正在进行的项目，已结束的项目会被平台隐藏。而 Indiegogo 和 Kiva 提供了特殊接口，允许从正在进行的项目网址出发，跟踪到历史项目（包括融资完成和融资失败的项目），因而能够满足本书研究的数据要求。

（2）平台具有全球知名度。这两个平台的项目数量多，种类丰富，投资者多，数据具有代表性。其中，Indiegogo 具有更强的商业属性，融资方式包含达标募资和累积募资两种模式；Kiva 除了商业属性以外，还具备一定的公益属性。

（3）相对完备的项目分类体系。两个平台均建立了众筹项目分类体系，有助于探究不同项目类别的投资者的投资行为。众筹项目覆盖范围广，具有良好分类体系的平台可以让本书更加准确地划分项目类型。综上，Indiegogo 和 Kiva 的主要特点如表 2.2 所示。

表 2.2　Indiegogo 和 Kiva 的主要特点

属性	Kiva 平台	Indiegogo 平台
融资金额规模	73 亿元	100 亿元以上
融资项目数量	59 万个	每月 19 000 个
创建国家	美国	美国
创建时间	2005 年	2008 年
参与国家和地区数	77	235
平台偏向	公益性（无手续费）	商业性（有手续费，3%）
项目类型	达标募资	达标募资和累积募资
回报类型	捐赠或现金	捐赠、商品、现金等
网站标语	Loans that change lifes	Crowdfund innovations and support entrepreneurs
项目描述	有	有
投资者自我描述	有	无
用户评论	无	有
项目更新	无	有
建立虚拟投资小组	有	无
第三方担保或支持	有	有
全球范围	是	是

2.2.2　融资项目介绍

在众筹平台上，每个项目页面都被视为一份商业计划书（Mitra，2012）。融资者通过在项目页面上展示项目内容、个人信息以及互动信息来吸引投资者，并最终获得预期的融资结果。Indiegogo 平台针对每个项目提供了 6 种内容展示方式，分别如下。

（1）项目的基本信息，包括项目标题、融资金额、项目类型、融资时间等，这类信息相对容易被量化。

（2）项目详细描述，包括项目的描述内容，是项目页面的核心内容，也是投资者关注的内容。融资者需要花费大量时间和精力撰写这部分信息，详细展示项目的目标、过程和预期结果，以及其他能够吸引投资者支持的内容。

（3）项目的多媒体信息，包括视频介绍、图片信息等。

（4）项目的回报信息，包括回报类型、回报奖励、回报描述等。

（5）融资者的个人信息，用于描述融资者个人及背景信息等。

　　（6）交互沟通信息，用于和投资者沟通的信息，包括评论和回复、项目更新消息等信息。

　　项目内容可以概括为可量化的基本信息、多媒体信息和文本信息。基本信息提供了有关众筹项目的关键性指标，却难以展现项目的独特性信息。多媒体信息是重要的展示内容，诸多学者对多媒体信息的作用进行了研究（Anderson and Saxton，2016；Wang et al.，2017b）。文本信息也是融资者展示的主要内容，对投资者产生了重要的影响，它包括融资者个人的表现风格和全面的项目信息。

　　在 Indiegogo 平台上发布项目信息，需要遵循既定的流程，如表 2.3 所示（Wang et al.，2014）。

表 2.3　众筹项目的发起步骤

步骤	说明	需要提供的内容
1	开始设置	项目类别，只能从预设的 15 个类别中选择； 项目标题（上限为 60 个字符）； 融资者所在国家（目前仅在以下国家或地区开放：美国、英国、加拿大、澳大利亚、新西兰、荷兰、瑞典、丹麦、挪威、冰岛）
2	基本信息	项目图片，纵横比为 4∶3，上限 50MB； 短摘要：以一小段文字来概括项目，类似于论文的摘要（上限为 135 个字符）； 发起者地址； 融资期限（1～60 天自行选择，一旦项目上线不可更改）； 融资目标
3	回报设置	投资金额； 回报描述； 邮寄期限、时间、方式； 数量限制
4	具体描述	视频介绍：纵横比为 4∶3，640 像素×480 像素分辨率，上限 5GB； 项目描述：文字、图片、音频等富文本混合编辑； 风险声明； 项目问答（FandQ）
5	身份介绍	融资者照片； 融资者姓名； Facebook 主页地址； 个人简历； 所在城市； 个人主页介绍
6	财务信息	邮箱验证； 手机号码验证； 账户验证
7	项目发布和维护	项目发布； 融资期限内更新信息； 融资期限内回答投资者的疑问
8	融资结束	融资成功的项目获得资金，推进下一步工作； 融资失败的项目退还已经筹得的资金

在众筹平台上，项目类型分布广泛，每个平台都设立了自己的分类体系。针对不同的项目类型，参与者也存在一定的差异。例如，新技术研发类的投资者更希望获得新产品；摄影和艺术类的投资者更希望与融资者交流。鉴于项目类别的差异性，有必要根据类别对众筹项目进行针对性的分析。

目前，大多数平台将众筹项目分为三类，第一类是创意设计类，包括基于创意类的设计和艺术创造，如摄影、电影、音乐、游戏等；第二类是创新技术类，包括新技术以及新商业模式的应用，如计算机、电话等；第三类是人文社区类，包括人文文化和社区支持，如社区、环境等。同时，发布项目时也存在以下的约束和规范。

（1）所有项目必须在预定义的项目类别中，否则不允许在网站上融资。

（2）筹集资金必须用于所描述的项目，不允许用于其他用途。

（3）必须设立明确的融资目标，还需要明确融资起止时间。

除了项目以外，平台还提供了页面来展示参与者（包括投资者和融资者）的信息。这些信息在平台上是公开的，旨在增进投融资双方的了解。具体而言，参与者信息包括以下几类。

（1）参与者的基本信息，包括个人昵称、城市、性别、个人社交账号等信息。

（2）参与者的自我描述，包括个人性格、投资目的、爱好、行为特征等描述内容。在 Kiva 平台上，还包含了参与者加入平台的原因。

（3）参与者的多媒体信息，包括个人的头像或者图标。

（4）参与者的行为信息，包括个人在平台上的行为痕迹，如个人投资记录、留言记录和发起的项目记录。

2.3　众筹项目的融资效果

2.3.1　众筹投资者的研究

投资者是众筹项目的资金提供者，投资者的动机和特征都会影响融资成功率。首先，学者发现性别上的差异会导致投资者的决策差异。例如，女性投资者不太愿意投资更年轻、科技含量更高的公司（Mohammadi and Shafi，2018）。这个结果与女性投资者对风险的厌恶程度高于男性投资者的情况相一致，女性在投资选择上更加保守和稳健，所以面对女性投资者，融资者更需要表达项目的安全性。Mohammadi 和 Shafi（2018）还发现女性投资者青睐男性投资者比例更高的项目，这也为吸引女性投资者提供了一定的指导方向。其次，不同地域的投资者在投资决策上也会有区别。Giudici 等（2018）将当地税收的数据作为当地人群的地域属性，发现地理区域也显著影响众筹项目的融资成功率。居住在不同地区的人具有不同程度的利他主义，并影响项目的成功率。

相对于性别和地域来说，用户群体的区分会更加困难。不同类型群体的投资者行为会存在一定的差异，因此不同类型的项目需要寻找适合自己的投资者群体。Bürger 和 Kleinert（2021）认为文化类项目的投资者和商业类项目的投资者存在同样的物质回报需求。相反，Wasiuzzaman 等（2021）通过对马来西亚的众筹市场进行调查，发现回报类动机对投资者的投资行为影响不显著，社交属性也是不重要的内在动机因素。Latysheva（2017）通过实验来验证用户实际拒绝物质奖励或选择非物质奖励的案例，他认为众筹项目的大多数投资者都有一种非物质回报的目的。

多位学者已深入探讨了投资动机的多重性，大多将研究焦点放在投资者的外部动机和内部动机上。Popescul 等（2020）发现个人满足、利他或者回报都是投资者参与众筹项目的原因。Debby 等（2019）发现众筹投资原因包括享受、认可、好奇、风险收益和利他主义。Cho 等（2019）发现投资者具有回报类、支持类和社会公益类的投资动机，并且这些动机受年龄和性别的影响。Bagheri 等（2019）通过对投资者进行访谈，发现捐赠类的众筹项目中，投资者同时存在内部动机和外部动机。Kim 等（2019a）发现感受自我价值是投资者内部动机的主要因素，期望回报和投资安全感是外部动机的主要因素。Szczepan（2021）通过深度访谈的方式，发现投资者的内部动机主要包含社交、帮助他人和朋友；外部动机主要包括收集奖励。还有学者认为，在不同融资阶段的投资者的投资倾向也有差异，融资者需要在融资早期强调投资者的给予，在融资晚期强调投资者的回报（Ryu et al.，2020）。Zhang 和 Chen（2019）提出了内部动机和外部动机显著影响投资者的投资行为，进而影响投资者的黏性意愿，项目的新颖性会调节投资者的动机和投资行为的关系。众筹中投资者参与投资的主要原因包括获得融资者承诺的回报、帮助他人、加入社交圈和参与创造过程（Schwienbacher and Larralde，2010；Greenberg and Mollick，2017；Jian and Shin，2015；Allison et al.，2015；Planells，2017；Steigenberger，2017；Zvilichovsky et al.，2018；Cholakova and Clarysse，2015），另外，投资者的投资目的也有可能是让产品成为现实，而不仅仅是帮助企业家实现梦想（Zvilichovsky et al.，2018）。Jancenelle 等（2018）认为对某些投资机构而言，回报不一定是正向激励。与此同时，亲社会的投资者可能更易与带有悲观情绪的项目产生共鸣，从而提高融资成功率。Dai 和 Zhang（2019）发现投资者有亲社会动机来帮助融资者实现他们的融资目标，而且亲社会动机在融资目标达到之前效果更好。Xiang 等（2019）认为相对于投资型投资者来说，强调情感元素的项目对消费型投资者更有说服力。Herrero 等（2020）发现投资者的投资动机主要源于投资者对项目的喜爱，商业可行性不是他们考虑的主要原因。Li 和

Wang（2019）也验证了亲社会性对投资者的影响，亲社会动机在驱动投资者行为方面具有强大的作用，并且众筹项目的亲社会性对投资者的亲社会动机有正面影响。

羊群效应存在于诸多行业中，其中也包括众筹市场。众筹网站本身也是一个信息汇集的平台，为互联网用户开辟了一条了解前人投资行为的渠道，为后来的投资者提供了信息增强的决策过程，从而创造了有利于羊群的信息环境（Ceyhan et al.，2011）。羊群效应会造成非线性的众筹项目的融资行为。Zvilichovsky 等（2018）认为当众筹项目临近完成时，投资者的参与欲望会越来越强，融资目标也越容易完成。在众筹开始阶段，因为投资者较少，融资金额增长比较缓慢；随着融资金额增大，投资者因为羊群效应也更加关注项目，进而加快了融资速度。类似的情况也存在于在线社区中，当互联网用户热议某个话题时，会进一步刺激更多的用户来参加。这种行为是在项目质量不确定的情况下，投资者为了降低风险而采取的一种理性行为。当更多的投资者参与某个项目时，相当于更多的人对该项目进行了信用背书，对其他投资者会造成正面的影响。潜在投资者会根据已筹资金的情况判断项目质量，筹得资金的比例越高，表明项目质量越可靠，用户投资的意愿越强烈（Kuppuswamy and Bayus，2013）。进一步研究还发现，羊群效应在基于借贷的众筹模式和基于捐赠的众筹模式中尤为明显（Agrawal et al.，2015；Burtch et al.，2014）。

不同于羊群效应，另一种观点则认为，当众筹目标达成后，投资者的投资意愿会降低。Kuppuswamy 和 Bayus（2017）发现，当人们相信他们的贡献会产生影响时，就会在经济上支持众筹项目；但是在达到融资目标后，众筹捐款将显著减少。所以当众筹目标达成之后，投资者的投资行为就会减缓，因为他们感觉自己的贡献对项目成功已经没有太大的影响。还有学者认为，除了众筹项目生命周期造成的融资变化以外，时间因素也会导致投资差异。通常，投资者更喜欢在周中而不是在周末进行投资，从周日开始，投资逐渐增加，周四到达顶峰后开始下降，到周六到达最低点（Kuppuswamy and Bayus，2013）。除了计量模型分析以外，Zhang 和 Wang（2017）从博弈论的角度出发，分析了众筹策略选择行为以及行为的动态稳定性和影响因素。他们研究了基于股权的众筹模式中投资者的动态策略，揭示其行为的成因，构建了一种演化博弈模型。表 2.4 列出了众筹投资方的相关文献。

表 2.4　众筹投资方的相关文献

作者	年份	相关结论
Schwienbacher 和 Larralde	2010	投资者参与众筹市场不全是为了回报，也包含参与创新项目或者拓展自己的社交网络的目的

作者	年份	相关结论
Kuppuswamy 和 Bayus	2013	投资者会从已经获得的融资金额判断项目质量，筹得资金的比例越高，表明项目质量越可靠，用户投资的意愿越强烈
Burtch 等	2014	众筹项目投资者更倾向于文化上和地理上接近的融资者，同时，文化差异和物理距离两者之间存在替代效应
Allison 等	2015	投资者将众筹项目描述中的冒险或者困难当作帮助别人的机会，但是当项目是一个商业机会的时候，这种冒险或者困难的描述会对投资者带来负面的影响
Agrawal 等	2015	在艺术类的众筹项目中，本地投资者和异地投资者表现出不同的投资倾向。项目融资进展对本地投资者没有明显影响，这种距离的效应代表了一种社会效应：这些投资者很有可能与融资者存在线下的社交关系
Cholakova 和 Clarysse	2015	基于股权的众筹市场中，非金融动机对投资结果有显著的正面影响
Jian 和 Shin	2015	虽然众筹投资者的赞助行为被认为是因为利他主义或者社区贡献，但是实际投资行为表明，他们赞助是为了乐趣和社交关系
Kuppuswamy 和 Bayus	2017	当投资者相信他们的贡献会对结果产生影响时，会增加支持众筹项目的意愿；一旦达到目标后，投资者发现他们的贡献对结果没有影响，投资行为将显著减少。投资者更喜欢在周中而不是在周末投资
Latysheva	2017	大多数众筹投资者都有一种超越纯粹物质的目的
Greenberg 和 Mollick	2017	帮助他人和加入众筹项目或者融资者相关的社群是投资者的参与动机之一
Planells	2017	游戏类众筹项目存在参与性文化：投资者期望通过投资行为对游戏类项目的游戏类型、主题和机制产生影响
Steigenberger	2017	众筹投资动机包括购买动机、利他动机和参与动机。社会认同并不会对投资者的投资行为产生影响。投资者会通过融资者以往的融资活动来判断融资者的可信度
Zhang 和 Wang	2017	基于进化博弈模型，股权型众筹投资者的行为受到初始环境的影响并对鞍点的阈值敏感
Giudici 等	2018	众筹项目的地理区域显著影响项目的融资成功率
Jancenelle 等	2018	众筹项目的投资回报对于部分投资者不一定是正向的影响和激励
Mohammadi 和 Shafi	2018	女性投资者不太愿意投资更年轻或者科技含量更高的公司，她们更倾向于投资男性投资者比例更高的项目
Zvilichovsky 等	2018	众筹投资者的投资目的是让产品成为现实，而不仅仅是帮助企业家实现梦想
Kim 等	2019b	内部动机和外部动机对投资者的信任和风险认知都存在影响，其中内部动机对信任有影响，外部动机对信任和风险都有影响
Debby 等	2019	众筹投资原因包括享受、认可、好奇、风险收益和利他主义
Kim 等	2019a	感受自我价值是投资者投资内部动机的主要因素，期望回报和投资安全感是外部动机的主要因素
Bagheri 等	2019	捐助类的众筹投资者同时存在内部动机和外部动机
Cho 等	2019	投资者具有回报类、支持类和社会公益类的投资动机
Dai 和 Zhang	2019	投资者有亲社会动机来帮助融资者实现他们的融资目标，而且亲社会动机在融资目标达到之前效果更好

续表

作者	年份	相关结论
Li 和 Wang	2019	亲社会动机在驱动支持者行为方面具有强大的作用
Pierrakis	2019	获得物质回报的期望是投资者的主要动机，内在动机并非投资者的投资动机
Xiang 等	2019	强调情感的吸引力对消费型投资者比对投资型投资者的说服作用更积极
Zhang 等	2019	内部动机和外部动机显著影响投资者的投资行为，进而影响投资者的黏性意愿，项目的新颖性会调节投资者的动机和投资行为的关系
Herrero 等	2020	投资者的投资动机源于投资者对项目的喜爱，商业可行性不是他们主要考虑的原因
Bürger 和 Kleinert	2021	文化类众筹投资者和商业类众筹投资者具有同样的外部动机
Popescul 等	2020	个人满足、利他或回报都是投资者参与众筹项目的原因
Ryu 等	2020	融资者需要在融资早期强调投资者的给予，在融资晚期强调投资者的回报，女性具有更强的给予倾向
Wasiuzzaman 等	2021	回报类动机对投资者的投资影响不显著，社交属性也是不重要的内在动机因素
Szczepan	2021	投资者的内部动机主要包含社交、帮助他人和朋友；外部动机主要包括获得回报和奖励

2.3.2　众筹融资者的研究

融资者展示的内容是影响投资者参与众筹项目的重要因素。在众筹平台上，融资者可展示的内容包括众筹项目描述、项目属性、融资者信息、投融资双方互动信息。

项目属性是融资者在众筹平台上展示的重要信息，也是影响投资者行为的关键信息。这类信息包括融资目标金额、融资期限等。投资者更愿意以少量资金分散投资到多个项目中，因此相对于高融资目标，低融资目标的项目更容易获得成功（Mollick，2014）。Kuppuswamy 和 Bayus（2013）发现，失败项目的融资目标是成功项目的 5 倍以上，高融资目标会让投资者感觉难以达成，进而降低投资意愿。Kickstarter 的调查显示，众筹项目的平均融资目标为 9900 美元，而成功项目的平均融资目标是 3500 美元（Kickstarter，2023）。除了融资目标外，融资时间也是影响融资效果的重要因素。传统观点认为，融资时间越长，给予项目的曝光时间越长，融资成功率应该越高。但是研究表明，融资时间越短，越容易获得成功（Kuppuswamy and Bayus，2013）。可见，更长的融资时间并不能带来更高的融资成功率，更短的融资时间可能会给投资者带来更多的紧迫感。

除了融资目标和融资时间以外，高额的回报也是投资者参与众筹项目的原因。

传统投资行业中，资金回报是吸引投资的主要原因，这一点同样也适用于众筹市场。融资者在众筹项目的准备中通过不同的方式强化回报的价值对众筹结果有着正向的影响。Zheng 等（2017）分析了众筹实施成功的标准、奖励交付的时效性、奖励的规范性程度和投资者满意度的关系，结果表明，奖励交付的时效性对于提高投资者满意度非常重要，众筹平台和创业者应该更加关注奖励交付的及时性和报酬的质量以及投资者的满意度。众筹平台上强调回报的方式有很多种，例如，给予更多的回报奖励和回报选项、更快的回报速度以及更诱人的回报描述。Barbi 和 Bigelli（2017）基于 Kickstarter 平台的研究发现，视频内容、高额奖励、更短的宣传时间和更低的融资目标对融资结果有帮助；Roma 等（2017）也发现承诺更高的资金可以激发专业投资者的兴趣，从而有助于获得后续资金。不同于前面的研究，Kunz 等（2017）对基于奖励的众筹项目展开研究，他们发现融资目标、融资时间以及奖励的交付时间对融资成功率产生负面影响，社会关系、回报方式以及互动行为都会对众筹成功产生积极的影响。Wang 等（2017c）认为回报选项也会影响融资成功率，他们对旅游领域的众筹项目进行了分析，发现融资结果和回报选项存在倒 U 形关系。这表明，当回报的数量增加到一定程度时，回报的效果会降低。Wang 等（2017a）还发现以慈善为主题、更优质的形象、更低的融资目标将会带来更好的融资效果。

项目的图像信息也会对投资者产生影响。为此，Kickstarter 平台建议在项目网页的显著位置提供项目介绍的视频，使投资者能够最直观地了解项目。研究显示，融资成功率与是否提供视频介绍显著相关，而且视频制作水平越高，融资越容易成功（Greenberg and Mollick，2017；Mollick，2014）。Wang 等（2017b）发现，融资者的照片对投资者最初信任的建设具有正面影响。相对于文本描述信息，图片信息能够更直观地将融资者的特征展现给投资者。为此，学者对图片类型和融资结果之间的关系进行了分析。Li 等（2017）在情绪传染理论以及精细加工可能性模型的基础上，对 Indiegogo 平台展开了研究。他们发现项目视频表现出的激情可以增加观众对该项目的热情；Anderson 和 Saxton（2016）将融资者的图片和贷款结果联系起来，发现包含微笑表情的图片对融资结果没有影响，但是包含婴儿的图片对融资结果有影响。激情类的图片可以增加投资者的热情，而婴儿的图片可以增加投资者的同情心。

项目的描述信息是指融资者在众筹平台上撰写并发布的有关项目内容的文字性信息。这类信息是促进融资成功的重要因素，因此值得融资者特别关注（Mollick，2014；Greenberg and Mollick，2017）。Aprilia 和 Wibowo（2017）发现，项目描述中的词汇量对融资成功率有显著的正面影响，单词数越多，获得成功的机会就越大。另外，项目描述的文本长度从两个方面影响融资结果。首先，增加项目描述可以表达更多的项目信息，让投资者了解更多的项目信息。其次，当增加文本长度时，投资者会感受到来自融资者的重视。这种重视会给予投资者更多的信任感，让投资者更放心地投资。Davis 等（2017）借鉴情感事件理论，发现产品创造力的感知与众筹结果正相关，投资者希望从项目描述中感受到产品的创造力。创造性的产品介绍能让投资者感受到创造激情，激发投资者的参与意愿，让他们相信融资者在完成一项独一无二的任务。同时，这种创造力也在表达融资者自身的热情，并增强投资者的信任感。Li 等（2017）认为创新性的感知能够让投资者感受到激情，还能让他们感受到项目的创新性，进而提高投资者在社交媒体上宣传项目的积极性。通常，创新性项目会吸引投资者在互联网上谈论和分享项目，进而会带来更高的网络口碑效应。社交媒体宣传会增加项目的访问量，最终也会影响到融资结果。项目描述中的背书也是增强投资者信任感的一种方式。背书是专业人士对研究人员能力和项目有用性的意见，可以提升投资者对项目的信任度。Dey 等（2017）分析了科学类众筹项目的 810 个签注，发现当背书人解释和支持融资者的技能时，项目融资成功的可能性就会提高。但是，当背书人重点说明项目的融资目标时，融资成功的可能性就会降低。如果背书人具有专业权威性，就会增强投资者对融资者在专业和技术上的信任度，这种背书在创新类或者技术类的众筹项目中尤为重要。另外，如果背书人强调项目的融资目标，对融资结果没有正面的影响。所以，选择合适的背书人和背书内容，也是众筹成功的重要因素。

投资者选择众筹项目时，不仅考虑项目的客观因素，还会考虑融资者的个人特征。换言之，对投资者而言，与其说是支持项目，不如说是支持项目后面的融资者（Marom and Sade，2013）。融资者对自身信息的披露，如城市、职业、性别、学历等因素，会影响投资者对项目的信心（Mollick，2014）。Courtney 等（2017）认为融资者的可信度会提高融资成功的可能性。此外，融资者的社交关系网也是吸引投资者的重要因素，这种情况通常发生在融资的开始阶段。现有研究认为，来自亲朋好友的资金支持是项目初期的主要资金来源。Agrawal 等（2015）对众筹平台 SellaBand 上亲朋好友投资和投资结果的关系进行了分析，发现融资者的社交关系对投资结果有显著影响；Steinberg（2012）发现众筹成功的项目在融资初期获得社交网络中好友的支持，包括 Facebook 好友、Twitter 粉丝等。Aprilia 和 Wibowo（2017）认为，融资者拥有的 Facebook 好友数量会对融资成功率产生影响；Mollick（2014）也发现融资成功率与融资者的 Facebook 好友数正相关。也有研究认为，社交关系有助于融资者宣传自己的项目，导致项目得到更多的曝光。

融资者过往的经验也会对融资结果产生影响。Butticè 等（2017）发现曾多次发起众筹项目的融资者会利用之前支持过他们的社会关系，使后续的项目比新手的项目更容易成功。具有多次发起众筹项目的经历，会让融资者积累丰富的融资经验，还能让他们在众筹过程中积累社会资本，这些社会关系有助于提高未来项目的融资成功率。可见，挖掘融资者的社会关系并应用于众筹项目的社会化推荐是提高融资成功率的重要举措。社会关系还可以应用于融资结果的预测，An 等（2014）把 Twitter 上好友发布的主题与 Kickstarter 项目特征相结合，进行个性化推荐，能够达到 84%的投资者预测准确率。除了利用已有的社会资本以外，经验丰富的融资者也会在融资技巧、沟通能力上优于其他融资者，因此更容易融资成功（Marom and Sade，2013）。研究显示，无论考虑自身的技巧和能力，还是累积的社会关系，拥有多次融资经验的众筹项目发起人更容易融资成功。另外，广泛的社交关系不仅能够吸引更多的投资，也会对众筹平台的宣传和推广产生影响。Kaur 和 Gera（2017）认为众筹项目需要借助社交媒体来大规模地宣传推广，他们建立了基于 Twitter 消息和其他社交媒体连接的模型，并将其应用于融资结果的预测。投资者的社交关系也体现在投融资双方之间的地理距离上（Conti et al.，2013）。在融资初期，投资者和融资者之间的距离更近，但是随着时间的推移，双方的距离会逐渐扩散。众筹平台 SellaBand 的数据显示，投融资双方的平均距离为 5000km（Agrawal et al.，2015），随着众筹项目的推进，地理位置的影响会减弱。产生这种现象的原因可能是初期投资者中有相当一部分是融资者的社交人群，所以投融资双方之间的距离更短。也有学者认为，地理位置远的用户有着更强的防御心理，所以当投资行为逐渐增加以后，地理位置较远的投资者占比才会增加（Conti et al.，2013）。Bernard 和 Gazel（2017）认为，投融资双方的地理距离较远时，产品在质量和交付方面的不确定性就会提高，投资者将会产生更多的风险厌恶，最终参与投资的意愿就会降低。但是相比于传统投资行业，众筹的投融资双方之间的距离还是太远。传统的风险投资中，投融资双方的平均地理距离仅为 110km，这表明众筹市场中的投资者与传统投资行业相比可能存在较大的区别（Sorenson and Stuart，2005）。

除了社交关系的影响外，众筹项目的社会责任及社区影响也与投资者的行为有关。Zheng 等（2017）发现项目社会责任和社区效益，可以调节项目质量与投资者整体满意度的关系。投资者除了有物质回报需求，也有社会责任的诉求。这种诉求一方面是投资者作为社会团体中一员的责任心体现，他们希望尽己所能来改善社会；另一方面也是投资者同情心的表现，他们希望以己之力来帮助社区和其他群体。

融资者与投资者之间的互动也会影响投资者的行为。Kickstarter 平台推荐融资者尽量频繁地发布项目进展信息，这种行为有助于投资者了解项目。频繁的互动不但让投资者更容易了解项目，也让投资者感受到融资者的精力投入。Block 等（2018）发现项目进展更新对投资者数量和融资金额有显著的正面影响。项目更新在一定程度上表现出融资者对项目及其投资者的重视，当融资者投入的时间和精力较多时，投资者对项目的信任度也会增加。当然，并非所有的更新内容都会对投资者的行为产生显著影响。Block 等（2018）发现产生正面影响的更新内容包括项目进展、新的资金、业务发展和合作项目，但是启动团队、业务模型、产品开发和促销活动的更新对融资结果没有影响。这一结果表明，投资者倾向于获知项目的进展信息，这类更新会让投资者感受到项目正在积极推进，项目具有真实性和可靠性。有趣的是，更新内容对投资行为的影响不会立即发生，而是在更新后的几天才会显现。基于 Kickstarter 平台的研究发现，没有更新信息的项目融资成功率仅为 32.6%，而提供更新信息的项目融资成功率可以达到 58.7%（Xu et al.，2014）。

除了项目更新信息以外，基于评论和回复的互动也会提高融资成功率。Wang 等（2018a）研究了评论和回复对融资成功率的影响。结果表明，评论数量、评论得分、回复长度和回复速度与融资成功率正相关；此外，评论情绪正向调节评论数量对融资成功率的影响。融资者回复可以让投资者感受到真实性和重视程度；同样，回复长度和回复速度都是回复质量的体现；评论数量代表了整个项目的热门程度，评论情绪表达了投资者对项目的态度。虽然评论能够影响投资者的后续投资，但是评论和融资结果存在一定的内生性问题：投资者的数量增加会带来评论者的人数增加，整个项目的关注度也会增加，两者之间存在互相影响的关系。另外，众筹平台通常会让热度高的项目得到更多的曝光，这种行为也会导致两者的内生性问题。表 2.5 列出了众筹融资方研究的相关文献。

表 2.5　众筹融资方研究的相关文献

作者	年份	相关结论
Steinberg	2012	融资者的社交好友在融资初期对项目的支持会对融资成功率带来正面影响，包括 Facebook 好友、Twitter 粉丝等
Kuppuswamy 和 Bayus	2013	高融资目标的项目会让投资者感受到项目难以实现，从而降低了投资意愿；融资时间越短的众筹项目越容易成功
Marom 和 Sade	2013	有些投资者考虑的因素与其说是支持项目，不如说是支持融资者。经验丰富的融资者会在融资技巧、沟通能力上优于其他融资者，因此更容易融资成功
An 等	2014	Twitter 上好友发布的主题与 Kickstarter 项目特征结合，然后进行个性化推荐，能够达到 84% 的投资者预测准确率
Mollick	2014	众筹投资者更愿意将资金分散投资到多个项目中，低融资目标的项目容易获得成功，高融资目标的项目不容易获得成功。融资者自身信息的披露，如城市、职业、学历、Facebook 好友数等因素也会影响投资者对众筹项目的信心
Agrawal 等	2015	融资者的自身社交关系对融资结果有正面的影响
Anderson 和 Saxton	2016	项目中的微笑图像含义与融资结果无关，但是婴儿图像等对融资结果有正面影响。激情类图片会增加投资者的热情，而婴儿图像会增加投资者的同情心

续表

作者	年份	相关结论
Aprilia 和 Wibowo	2017	融资者拥有的 Facebook 好友数量会对融资成功率产生影响。描述项目的词汇量对项目成功率有显著的正面影响，描述项目的单词数量越多，众筹项目获得成功的机会就越大
Barbi 和 Bigelli	2017	更高额的奖励、更短的宣传和更低的融资目标对众筹项目的融资结果有正面的影响
Bernard 和 Gazel	2017	当投融资双方的地理位置距离较远时，在产品质量和交付方面会有更高的不确定性，会导致投资者产生更多的风险厌恶而降低投资者参与众筹的意愿
Butticè 等	2017	多次发起众筹的融资者可以通过之前的社会联系，提高后续众筹活动的融资成功率
Courtney 等	2017	投资者的可信度会影响众筹项目的融资金额，使用更多的媒体信息和更多的融资经验都能增强投资者的可信度。早期投资行为可以视为对项目质量的肯定，这对其他投资者有正面的影响
Davis 等	2017	众筹融资结果和感知产品创造力呈正相关，投资者期望在众筹项目描述中感受到产品的创造力
Dey 等	2017	当项目背书人为融资者的技能提供支持时，融资成功的可能性就会提高；但是当背书人重点说明项目目标时，融资成功的可能性就会降低
Greenberg 和 Mollick	2017	融资成功率与项目介绍视频存在显著的相关性，视频制作水平越高的众筹项目越容易融资成功
Kaur 和 Gera	2017	众筹市场会使用社交媒体来推广、宣传和募集资金。Twitter 消息和其他社交媒体对众筹项目的融资结果有影响
Kunz 等	2017	融资目标、融资时间以及奖励的预计交付时间对项目融资结果产生负面影响；社会关系、回报方式以及互动行为都会对融资结果产生正面影响
Li 等	2017	众筹项目视频介绍表现出的激情可以增加投资者的热情
Roma 等	2017	项目承诺更高的资金回报可以激发专业投资者的兴趣，从而有助于获得后续资金
Wang 等	2017c	融资结果和回报选项存在倒 U 形关系，这表明当回报选项增加到一定数量时，回报选项对融资结果的影响会降低
Wang 等	2017a	以慈善为主题、更优质的形象、更小的融资目标，将会给众筹项目带来更好的融资效果
Wang 等	2017b	融资者提供自我照片可以增加投资者最初的信任度，从而提高众筹项目的成功率
Zheng 等	2017	众筹项目的奖励交付时间对于提高投资者的满意度非常重要，融资者应该关注交付的及时性和报酬的质量以及投资者的满意度。项目社会责任、融资者的积极性和社区效益可以调节项目质量和投资者满意度的关系
Block 等	2018	众筹项目更新对投资者数量和金额有显著的正面影响。具有正面影响的更新内容包括项目进展、新的资金、业务发展和合作项目；同时，启动团队、业务模型、产品开发和促销活动的更新对融资结果没有影响
Wang 等	2018a	众筹项目的评论数量、评论得分、回复长度和回复速度与融资成功率正相关，评论情绪正向调节评论数量与融资成功率的关系

2.4　项目描述和投资者自述

2.4.1　项目描述和投资者自述文本

文本类的信息在互联网社区中被广泛使用,成为商家和顾客交流的重要渠道。在众筹平台上,项目信息有多种展示方法,如文本、视频、数字以及图片等。但是,从页面的占比和内容上看,文本类的信息占比最大。文本内容已经成为投融资双方展示各自优势的重要媒介,无论投资者的自我描述信息,还是融资者的项目描述信息,都是通过文本的方式进行展示的。

1）项目描述

项目描述是融资者产生的内容（fund-raiser generated content）,包括项目的起源、目标、过程、结果、特点以及相关参与方等描述内容。在项目页面上,项目描述占据着重要的位置,是整个页面的核心内容。对于融资者来说,项目描述也是他们花费大量时间准备的内容。融资者会在描述对象、描述角度、描述方法、描述情绪等多个方面斟酌,以达到最佳的说服效果。项目描述不仅会影响投资者决策,也是学者分析众筹项目的重要数据来源,被应用在众筹项目的文本挖掘领域（Mollick,2014; Greenberg and Mollick,2017）,图 2.1 展示了众筹项目的项目描述示例。

图 2.1　众筹项目的项目描述示例

2）投资者自我描述

投资者自我描述是投资者产生的内容（investor generated content）,图 2.2 和

图 2.3 分别展示了投资者和投资团队的自我描述示例。自我描述是投资者的个人介绍，是对自己的参与动机、远景以及自身条件等的文字描述，通常也隐含投资者的心情和性格。相对于在线评论等文本信息中投资者流露出的碎片化信息，自我描述中的投资者信息更加完整。一些平台如 Kiva 中，自我描述还包含有关投资者参与动机的专门陈述。

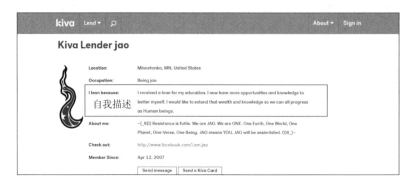

图 2.2　投资者的自我描述示例

图 2.3　投资团队的自我描述示例

　　学者对投资者自身因素进行了研究，但是这些研究大多采用问卷调查的方式，很少基于投资者自我描述来展开。究其原因，众筹平台主要用于展示项目信息，而自我描述作为投资者个人信息的一部分，并没有受到太多的关注。但是，作为问卷调查的一种替代方式，投资者的自我描述能够提供海量的、更能准确反映投资者心理状态的信息。

2.4.2　众筹项目的文本挖掘研究

项目描述是展示众筹项目的一种重要文本内容，也是投资者了解项目的重要信息来源，还是促进融资成功的关键因素（Mollick，2014；Greenberg and Mollick，2017）。项目描述最基础的属性是文本长度。Aprilia 和 Wibowo（2017）发现项目描述的词汇量对融资成功率有显著的正面影响。增加项目描述的文本长度可以表达更多的项目信息，让投资者更加了解项目，进而增加说服投资者参与的可能性。另外，增加项目描述的文本长度，还会让投资者感受到来自融资者的重视，投资者对融资者的信任度会得到加强，从而更加放心地进行投资。虽然项目描述文本中应该增加更多的词语，但是 Block 等（2018）发现，在项目更新信息中使用更简单的语言会提高投资者的参与意愿，而更新内容的长度对投资意愿没有影响。究其原因，可能是投资者期望在项目描述和项目更新中获取不同信息。具体而言，投资者希望在项目介绍中获取更全面的信息，但是在项目更新中可能希望得到有效的项目进展信息。项目描述的文本长度虽然可以提高融资成功率，但是两者并不一定呈线性关系。Moy 等（2018）通过对文本字数的分析，发现项目描述中的字数和融资成功率存在一个 U 形曲线关系；存在一个最佳的文本长度来吸引投资者，过量的信息将对投资者的阅读和投资意愿产生负面影响。除了项目描述的文本长度以外，项目描述中使用特定的词汇也有助于项目融资成功。Mitra 和 Gilbert（2014）在融资成功率预测模型中引入项目描述的语言分析变量，可以提高 15%的预测准确。Bi 等（2017）认为质量信号和电子口碑对投资决策具有正面影响，更多的词汇数和视频数会使投资者觉得该项目具有更高的质量，而更多的点赞数和在线评论数，会使投资者觉得该项目具有良好的电子口碑。可见，特殊的文字确实会对投资者产生说服力。

项目描述文本中的情感特征会影响投资者的决策。项目描述是由融资者撰写的，其中隐含的情感代表了融资者的个性、态度、教育水平和社会地位（Wang et al.，2017a）。如果项目描述展现了积极的情感，会给投资者带来更多的热情，这种现象在创造类项目中更为明显；相反，在赞助类项目中，悲观情感的文字更容易激发投资者的同情心。Jiang 等（2020）认为项目评论中的积极情绪对融资结果具有正面影响，而消极情绪对融资结果具有负面影响。

与情感因素类似，修辞手法也会影响投资者的行为。Mehlenbacher（2017）认为修辞手法对科学类项目的融资结果有影响。Parhankangas 和 Renko（2017）基于语言期望理论，发现语言风格会使社会类项目的融资者更容易被投资者理解，但是对于商业类项目的融资者没有影响。Wang 等（2017a）研究了不同修辞手法对投资者的说服效应。他们采用亚里士多德的三种劝说模式来分析项目描述信息的劝说效果，发现不同类型的项目适合使用不同的说服方式。Goering 等（2011）采用另一种说服模型来分析项目描述对投资者的影响。他们将说服分为理性模式、可信模式和情感模式：理性模式是指融资者使用客观、理性、标准、规范且不含有主观感情色彩的方式描述项目；可信模式指融资者以突出项目可信度为目标，重点描述专业水平等增强投资者信心的信息；情感模式指项目介绍中使用感谢、祈求等主观感情词汇。研究表明，基于捐赠的众筹模式中，项目描述的可信度对融资成功率的影响最重要。

除了文本的修辞和情感属性外，文本内容也是影响投资者行为的重要因素。在众筹市场中，融资者会通过强调个人经历、技术背景或特长等因素来让投资者认可项目。另外，融资者还会通过强调个人的社会关系、行业背景等特征来增加投资者的信任度。Pietraszkiewicz 等（2017）认为在项目描述中使用亲社会类的词汇的比例越高、投资者的数量越多，达到融资目标的可能性越大。该研究结果表明，人们希望将自己的财务资源投入有助于实现社会目标的事业中。与传统的投资行业不同，参与众筹的投资者并不过多关注投资回报，亲社会类的项目反而会得到更多投资者的青睐。也有学者认为，不同类型的众筹项目应该侧重介绍不同的信息。例如，科技类项目应该突出项目创新性，艺术类项目应该侧重描述融资者本人的特性（Marom and Sade，2013）。

综上所述，项目描述的方法和内容都会对融资结果产生显著影响。表 2.6 列出了文本挖掘在众筹领域的相关文献。

表 2.6　文本挖掘在众筹领域的相关文献

分类	作者	年份	相关结论
文本长度分析	Aprilia 和 Wibowo	2017	众筹项目描述的词汇量对融资结果有正面影响，单词数量越多，获得成功的机会就越大
	Bi 等	2017	众筹项目描述中出现更多的"喜爱"相关词汇会使投资者感觉该项目具有良好的口碑
	Block 等	2018	众筹项目更新中使用更简单的语言可以增加投资者的参与意愿，而项目更新长度对投资意愿没有影响
	Moy 等	2018	众筹项目描述的字数和融资成功率存在 U 形曲线关系。存在一个最佳的字数长度来吸引投资者，过量的信息将对投资者的阅读和投资意愿产生负面影响
情感分析	Goering 等	2011	对于基于捐赠的众筹模式，项目描述的可信度对融资成功率有正面影响
	Mehlenbacher	2017	项目描述的修辞手法对科学类众筹项目结果有影响，建议将科学的修辞语言加入众筹项目描述中

续表

分类	作者	年份	相关结论
情感分析	Parhankangas 和 Renko	2017	语言风格可以使众筹项目更容易被投资者理解，从而提高融资成功率；但是对于商业类的众筹项目来说，语言风格的作用不那么重要
	Wang 等	2017a	众筹项目描述中，正面情绪和更详细的描述内容可以促进项目融资成功
	Jancenelle 等	2018	亲社会贷款机构不太倾向于贷款给那些表现出对经济渴望或对未来充满积极能量的融资者，而是更倾向于那些当前面临重重困难的融资者
	Jiang 等	2020	项目评论中的积极情绪对众筹结果具有正面影响，而消极情绪对众筹结果具有负面影响
文本内容分析	Marom 和 Sade	2013	为了提高众筹融资成功率，科技类项目应该突出项目创新性，艺术类项目应该侧重描述融资者本人的特性
	Allison 等	2017	当投资者有能力对项目进行仔细分析时，融资者的教育背景等融资者信息是融资成功的重要影响因素之一
	Pietraszkiewicz 等	2017	众筹项目描述中使用亲社会词汇的比例越高、投资者的数量越多，众筹项目达到融资目标的可能性越大

2.5　众筹动机的研究评述

2.5.1　众筹动机的研究现状

投资动机会直接影响投资行为。在传统的投资领域，学者通过对动机进行分析来研究投资者的投资行为。Palacios-González 和 Chamorro-Mera（2018）认为在社会责任投资的行为中，投资者的消费习惯和投资有效性对投资意愿有直接的正面影响，而个人收益和投资行为对投资意愿没有直接影响。Muda 等（2018）通过分析冒险行为背后的动机来解释不同经验投资者的投资行为。Yi（2006）分析了中国跨国企业在越南投资的动机，并探讨了不同动机下中国在越南投资的发展前景。Reyhanloo 等（2018）发现可持续投资行为是由可持续性意识和情感引发的，而不是由短期利润引发的。

自我决定理论在多个领域得到了应用（Sung and Choi，2018；Walker and Yip，2018）。在金融投资领域，自我决定理论被应用在投资者的动机研究中。Seppey 等（2017）基于自我决定理论进行案例研究，分析投资者在不同监管机制下参与投资的动机。Ecker 等（2018）基于自我决定理论分析房主对于储能系统的投资动机。该研究认为，在特定投资领域，心理动机也是引发投资者的投资行为的原因之一。自我决定理论也应用于众筹领域，但主流的动机研究大都以问卷调查为主。

Kim 等（2019b）发现内部动机和外部动机对投资者的信任度和风险认知存在影响，其中内部动机对信任度有影响，外部动机对信任度和风险认知都有影响。

众筹项目面向的是互联网群体，其投资动机和传统投资领域有一定的区别，不同的投资群体参与众筹的动机也不尽相同（Allison et al.，2017；Schwienbacher and Larralde，2010）。学者发现了多种投资动机的存在，主要的方向聚焦在外部动机和内部动机方面。

在金融投资行业，获得回报是主要的投资原因。Cholakova 和 Clarysse（2015）认为获得融资者承诺的回报是投资者参与众筹的主要原因。Pierrakis（2019）发现期望获得物质回报是投资者的主要动机，内在动机的影响则不显著。

除了追求回报的投资动机，投资者也会基于其他原因进行投资。Latysheva（2017）通过实验发现，投资者存在选择非物质奖励的行为。首先，期望帮助他人是投资者进行投资的原因之一（Greenberg and Mollick，2017）。已有研究表明，投资者支持某个项目是因为他们想通过帮助他人而获得社会认可，或者是为了证明他们的社会能力（Muniz and O'Guinn，2001；Andreoni，1990；Titmuss，1970）。其次，享受众筹的过程也是投资者进行投资的原因之一（Zvilichovsky et al.，2018）。Xiang 等（2019）认为情感的吸引力对消费型投资者比对投资型投资者的说服作用更积极。天使投资人会因为个人偏好而介入众筹项目，如喜爱或者享受改变的过程（Mason and Harrison，2008；Mason and Rogers，1997；Benjamin and Margulis，2000）。Herrero 等（2020）发现投资动机主要源于投资者对项目的喜爱，商业可行性不是他们主要考虑的原因，参与到创造和改变过程中只是为了表现自己的能力。另外，在创造和改变过程中，投资者倾向于不受其他限制和约束。投资者期望的投资决策自主性，是为了满足自主需求。最后，期望加入融资者的社群也是投资者进行投资的原因之一（Cholakova and Clarysse，2015；Greenberg and Mollick，2017）。Li 和 Wang（2019）验证了亲社会性对投资者的影响，该研究认为亲社会动机在驱动投资者行为方面具有强大的作用。

2.5.2　众筹动机的研究不足

综上所述，众筹模式的一个研究焦点就是融资成功率，即哪些因素影响投资者的参与行为，又有哪些因素导致项目融资失败？过往研究表明，融资结果会受到多种因素的影响。

（1）投资者特征和偏好对融资结果会产生影响。投资者特征和偏好会导致投资行为的差异，这种差异最终会影响融资结果。例如，女性投资者更偏好科技型公司（Mohammadi and Shafi，2018）；不同人群的利他主义可能会影响跨地区的投资行为（Giudici et al.，2018）；用户人群的理性行为差异会存在投资差异（Zhang and Liu，2012）；羊群效应也会影响投资人群的投资行为（Agrawal et al.，2015；Burtch et al.，2014）；以及投资人群在不同阶段的投资行为存在差异（Zvilichovsky et al.，2018）等。

（2）众筹项目特征对融资结果会产生影响。项目特征是投资决策的主要信息来源，对投资行为会产生重要影响。例如，项目描述信息是促进融资成功的重要因素（Mollick，2014；Greenberg and Mollick，2017）；展示项目的视频也是增强投资者参与意愿的手段之一（Mollick，2014；Greenberg and Mollick，2017；Wang et al.，2017c）；项目的背书也是增加投资者信任的一种方式（Courtney et al.，2017；Dey et al.，2017）；项目回报承诺也是投资者期望看到的信息（Roma et al.，2017）。

（3）融资者自身特征对融资结果会产生影响。投资者在选择项目时，会考虑融资者的自身条件。例如，融资者对自身信息的披露，如城市、职业、学历等因素也会影响投资者对项目的信心（Mollick，2014）；融资者亲朋好友的资金支持是融资初期的主要资金来源（Aprilia and Wibowo，2017；Agrawal et al.，2015）；融资者的社会网络对投资结果也有影响（Aprilia and Wibowo，2017；Butticè et al.，2017）；融资者的地理位置也会导致吸引的投资者不同（Bernard and Gazel，2017）。

（4）投融资双方的互动对融资结果会产生影响。例如，众筹项目的更新信息对投资者数量和融资金额具有显著的正面影响（Block et al.，2018）；评论（包括评论的数量、情感和时长）和回复（包括比例、时长和速度）对融资结果均有正面影响（Wang et al.，2018b）。

（5）众筹平台因素对融资结果会产生影响。例如，众筹平台会通过各种营销手段吸引投资者（Burkett，2011）；众筹平台的网站设计和项目推荐匹配方法也会影响项目的曝光度和成功率（Tep et al.，2017）；众筹平台对项目的推荐会显著影响项目的融资成功率（Rivas，2017）。

以往的研究从各个角度对众筹项目的融资结果进行了分析，但是大多数学者只关注投资行为的结果，并没有深究行为背后的动机因素。实际上，同样的投资行为可能是由不同的投资动机产生的，而不同的动机会受到不同项目因素的影响。

动机理论在投资领域取得了不俗的研究成果。学者从内部动机和外部动机等角度对投资者动机进行了研究，这种动机分类也被证实是可行的。Bagheri 等（2019）发现捐赠类的众筹项目投资者同时存在内部动机和外部动机。Zhang 等（2019）发现内外部动机均显著影响投资者行为，进而影响投资者的黏性意愿，项目的新颖性会调节投资动机和投资行为的关系。Kim 等（2019a）发现感受自我价值是投资者内部动机的主要因素，期望回报和投资安全感是外部动机的主要因素。Szczepan（2021）发现投资者的内部动机包含社交和帮助他人，外部动机主要包括奖励。亲社会性的内部动机也是学者重点关注的方向。

虽然有学者采用自我决定理论对投资动机进行分析，但是多数还是采用问卷调查或专家访谈等方式，从投资者自述中分析投资原因（Debby et al.，2019；Bürger and Kleinert，2021；Popescul et al.，2020；Wasiuzzaman et al.，2021；Szczepan，2021），或者只针对部分文本内容或部分动机进行研究（Allison et al.，2015；Ryu et al.，2020）。因此，关于投资动机的研究，众筹领域依然存在理论和现实的差距，这也是促成本书研究的动机之一。另一个研究动机则来自融资者的实际需求。在实际的众筹市场中，融资者已经意识到不同类型的投资者的偏好差异，但是还缺乏可参考的研究结论，因此本书也是对融资者实际需求的响应。

所以，本书在一定程度上弥补了众筹市场中投资动机的理论研究的不足，同时也具有丰富的实用价值。现有理论研究不足的具体分析如下。

1. 缺乏系统性的投资动机分析研究

关于投资动机的研究，大都是从投资者自身挖掘投资动机，例如，通过投资者自述或调查访谈来获取投资原因（Bagheri et al.，2019；Cho et al.，2019；Kim et al.，2019a；Zhang et al.，2019；Debby et al.，2019；Bürger and Kleinert，2021；Popescul et al.，2020；Wasiuzzaman et al.，2021；Szczepan，2021）。通过问卷调查，难以捕捉投资者真实的投资动机。同时，以往研究并没有将投资动机和刺激动机的因素相结合，来分析投资动机组成及不同动机对融资结果的影响。

具体而言，目前的研究存在以下研究空白。

（1）投资者参与众筹是否存在多种动机，是否会影响到最终的投资决策？

（2）投资者的投资动机是否会在投资过程中被吸引？

（3）针对不同的项目类别，是否需要不同的众筹内容来吸引投资动机？

投资动机和刺激因素可能存在差异，通过系统性的投资动机研究，可以洞悉投资动机对投资行为的影响。因此，本书以投资者的自述内容和融资者的项目描述为研究对象，从投资者和项目两个角度，去探究动机因素对投资行为的影响。

2. 缺乏使用文本分析方法对投资动机的研究

关于投资动机的研究，目前以问卷调查为主，采用文本分析方法的很少（Bagheri et al.，2019；Cho et al.，2019；Kim et al.，2019a；Zhang et al.，2019；Debby et al.，2019；Bürger and Kleinert，2021；Popescul et al.，2020；Wasiuzzaman et al.，2021；Szczepan，2021）。基于文本分析的投资动机研究，集中在项目描述文本上（Allison et al.，2015；Ryu et al.，2020），很少研究投资者自述文本，也很少有结合两类文本的研究。

具体而言，存在以下研究空白。

（1）参与众筹的投资者是否具有多种动机，这些动机和之前问卷调查的研究是否一致？

（2）众筹项目蕴含的动机线索能否对投资者行为产生影响？

基于文本分析的方法，有助于扩展和丰富有关众筹市场投资动机的理论研究。因此，本书将以投资者的自我描述和融资者的项目描述为研究对象，采用文本分析的方法，对投资动机和投资行为的关系进行探究。

3. 缺乏针对投资者动机导向在众筹市场的研究

以往研究认为投资者关注的对象是项目或融资者（Mollick，2014）。项目信息已被证明是投资者重点考虑的因素，但是也有学者认为投资者更关心的是融资者（Marom and Sade，2013）。以往研究将投资目标分为项目本身和融资者，但是没有考虑投资者自我导向的目标。Giudici 等（2018）认为投资者存在利己动机导向和利他动机导向，但是关注众筹项目投资者动机导向的研究却很少。通过研究投资动机导向目标，可以为众筹市场投资行为研究提供实践意义，同时从投资导向角度深入洞察投资者参与众筹项目的原因。因此，本书将从投资者自我描述和融资者项目描述入手，研究不同的动机导向和投资行为的关系。

4. 缺少情感特征在众筹市场中动机理论的研究

融资者在描述项目内容时，会有情感的流露，进而会影响投资者的投资行为。以往研究关注情感特征对融资结果的影响，Wang 等（2017a）基于文本分析方法，探究项目描述的情感因素对投资意向的影响，发现正面情绪对融资成功有促进作用。Jiang 等（2020）发现项目评论中的积极情绪对融资结果具有正面影响，而消极情绪具有负面效果。以往的研究鲜有分析情感特征和投资动机的关系，但是这两者之间有可能存在联系，而且情感因素对不同动机的投资者影响程度也不同，如期望回报的投资者和无偿资助的投资者期望看到的情感表述可能会有区别。

通常，融资者可以采用不同的情感描述方法来说服持有不同动机的投资者，有三种不同的策略：①采用正面情感来强化投资者的信心；②采用负面情感来获取投资者的同情心；③采用中性情感来客观描述项目本身。在风险投资领域，投资者对这三种策略持不同的看法，有的投资者看重融资者正面的态度；而有的投资者更加看重融资者对资金的紧缺态度。这个问题对于风险投资领域比较重要，但是以往的研究却鲜有涉及。为此，本书探究了文本情感对动机特征的调节作用，将指导融资者在不同类别的项目中采用最佳的情感风格。

第3章　众筹项目投资动机的理论基础

动机可以视为一种内部的驱动力，它激发并指引个体的行为（Petri and Govern，2004）。这种力量不仅有助于我们解释为何某一行为会发生，也助于我们更好地理解和预测这些行为。

动机具有两方面的特性：首先是激活性，即在一定的外力下，该动机是否具备触发的可能，外显的行为代表动机的存在，但是没有外显行为不代表动机不存在；其次是导向性，即对所触发的行为提供指引。导向性被认为是动机的状态指标。例如，饥饿的时候，会打开冰箱寻找食物而不是打开水龙头。

3.1　刺激-组织-反应模型

动机过程具有中介性，这是造成动机难以研究的原因（Petri and Govern，2004）。为此，刺激条件也可以通过中介变量进行度量，中介变量起到连接刺激和反应的作用。例如，通过控制不给老鼠食品的时长作为刺激变化，观察和测量老鼠为了得到食物的奔跑速度。

刺激-组织-反应（stimulus-organism-response，S-O-R）模型是用来分析个体行为和动机的方法。其中，刺激被定义为能够影响个体内部状态的因素，组织代表个体的生理和心理状态，反应代表个体的行为反应。在传统 S-O-R 模型中，刺激因素会影响个体，并最终让个体产生反应行为。S-O-R 模型认为环境可以刺激个体产生动机并最终产生反应行为（Mehrabian and Russell，1974）。

S-O-R 模型被应用在消费动机研究（Chang et al.，2011）和在线动机研究（Kim and Lennon，2013）方面。例如，Kim 和 Lennon（2013）发现用户如果感受到网站质量因素对本人的刺激，会大幅度提高购买意愿。在本书中，我们使用 S-O-R 模型来描述文本对动机的刺激作用并最终产生行为。其中，对应动机特征的文本线索代表刺激因素，组织表示投资者个体自身的动机，投资者的投资行为或者项目的融资结果代表反应。基于 S-O-R 模型，我们可以构建从文本线索到投资动机，再到投资行为的研究技术路线。

3.2　自我决定理论

动机研究通常从四个维度展开，每个维度包含对立的观点（Petri and Govern，2004）。第一是一般和特殊。一般代表普遍存在的规律，例如，每个人都会饥饿。特殊代表人们之间存在的差异行为，即个体独特的属性；第二是先天和习得。先天代表个体先天就存在的动机，习得代表个体后天学习到的动机；第三是机械和认知。机械代表由内部或者外部状态自动引发的动机，认知代表由理性的、有目的的思维控制产生的动机；第四是内部和外部。内部动机是指个体自身内部某种需求产生的动机，当需求产生后，就会推动行为来满足并降低这种需求。外部动机实质上是由外部目标提供的动机来源，通常指由外部奖励或者回报产生的动机。外部动机和内部动机的关系是探讨个体行为的重要基础，也是动机研究的热点（Petri and Govern，2004）。

自我决定理论（self-determination theory）把心理需求动机分为内部动机和外部动机（Deci and Ryan，1985）。外部动机并非由个体自发产生。例如，家长通过提供糖果来刺激婴儿完成指定的行为。内部动机则是由三类基础心理需求组成。

（1）自主需求，是指个体对于行为的自我控制需求，是自主选择能力的需求。如果个体感到自我行为受到他人的限制或控制，则自主需求就会无法得到满足。例如，家长强迫学生学习，学生就会因为受到强迫而感觉自主需求无法得到满足。

（2）能力需求，指的是个体期望行为能够体现个体能力的需求，能力需求也表现为竞争性需求。例如，在竞技运动中，个体通过展现他人无法实现的成绩来满足个体的能力需求。

（3）归属需求，指的是个体需要和他人保持关联的需求，即个人表现和确认自我存在的一种方式，通过和其他个体建立和保持关系，以满足个体的自我归属的需求。例如，个人通过加入团体，或者与亲朋好友保持联系，来满足个人的归属需求。

上述三类心理需求是人类共有的基础性需求。Deci 和 Ryan（1985）根据基础性的心理需求定义了内部动机，他们认为内部动机是由个体内部心理需求产生的。当个体内部心理需求没有得到满足时，内部动机就会产生并刺激个体产生相应的行为来满足心理需求。

目前，关于外部动机和内部动机的理论研究分为两类：第一类是归因理论，该理论认为外部动机会将行为的目的从内动机转移到外部动机上，从而削弱内部动机（Lepper et al.，1973）；第二类是行为理论，该理论认为个体对努力存在天生的抵触和厌恶，外部动机能够降低这类抵触和厌恶，并最终增强内部动机（Eisenberger and Armeli，1997）。归因理论和行为理论在解释外部动机和内部动机的关系上存在一定的矛盾，这两类动机存在同时促进和削弱的效应。

自我决定理论是研究个体外部动机和内部动机组成以及相互关系的动机理论。相对于归因理论和行为理论，自我决定理论认为只有当外部动机危害人类的基本心理需求时才会削弱内部动机；相反，当外部动机支持人类的基本心理需求时，会增强和促进内部动机的发展（Deci and Ryan，1985）。

自我决定理论不仅定义了动机的分类，还解释了外部动机和内部动机转变的过程（Deci and Ryan，1985）。自我决定理论将外部动机向内部动机转变的过程分为六个阶段：缺失调节、外部调节、内摄调节、认同调节、整合调节和内部调节。

缺失调节是指个体缺少行为的意愿，并且感觉行为和个体无关，缺少外部动机和内部动机。缺乏动机的原因有三个：个体不关心行为本身和行为结果、个体认为行为不会带来期望的结果、个体认为自己没有能力完成行为。外部调节表示个体为了获得外部奖励而产生的行为。外部调节产生的是和内部动机对立的外部动机，外部调节包括服从、奖励和惩罚。内摄调节是在接受外部奖励的同时，产生了自我责任和自尊，并在两者的共同驱使下做出行为。内摄调节的调节方式为自我认知、自我控制等。认同调节是个体在基于行为的价值认同下执行行为。整合调节是指固化为个体习惯而产生的行为，个体认为自己能够胜任这个行为并通过个体自我的行为主动表现出来。内部调节是个体本身自发产生的，为了满足个体自身的心理需求，代表了一种高度自主和自我决定的状态。和外部动机的调节相比，内部动机会从行为本身获得乐趣，而不仅仅是认可行为的价值。

自我决定理论还包括因果定向理论，该理论描述了人格特质和自我决定倾向的关系。因果定向认为个人有三种人格特质，第一种是个体倾向于感受行为是自主的；第二种是个体倾向于感受行为是受到外部控制的；第三种是个体更容易感受到行为是不受自己控制或是无法胜任的。

自我决定理论被应用于诸多领域,特别是企业管理和教育行业。罗云等（2014）发现教师通过支持学生的自主行为，有助于提升学生的自主动机，从而提升学生学习的主动性。Baard 等（2004）发现当企业给予员工更多自主性的支持时，员工会感受到基本心理需求得到满足，从而提升自我的内部动机，并表现出更高的幸福感和更好的工作状态。张剑等（2016）发现施加控制性的外部动机会削弱员工的内部动机并最终降低员工的自主性；但是，如果施加自主性的外部动机，则不会对员工的内部动机产生负面影响。还有学者将无意识动机应用到运动比赛领域，Loizou 和 Karageorghis（2015）研究发现，采用音频和音乐刺激无意识自主性动机的运动员，可以取得更好的成绩。

此外，学者也尝试分析自我决定理论和文本内容的关系。Levesque 和 Pelletier（2003）在自我决定理论框架下，用选择、自主、有趣、自由等词汇刺激参与者的自主动机，用压力、义务、限制、被迫等词汇刺激控制动机。结果表明，激活自主动机的参与者在解决问题时会感受到乐趣，也更愿意花时间来解决问题。该研究认为，参与者并没有感受到刺激的行为与解决问题之间的联系，说明自主动机、控制动机确实可以无意识地激发。Ratelle 等（2005）基于 Levesque 和 Pelletier（2003）的研究，分析了控制性词语和内部动机的关系，并发现控制线索也会降低内部动机。

3.3　利他主义理论

利他主义（altruism）源于拉丁语（alter），含义是"他者"。从语义角度来看，利他是指某人为了他人的利益而牺牲自我，而非基于个人的自我提升或内在的幸福感而牺牲他人（Post，2002）。从动机角度来看，利他主义理论是一种人的特质表现（Hoffman，1981），利他动机是由人们假设自己在相同情境中所感受到的共情、同情引发的。

从动机的导向性来看，它存在利他和利己的区别。不同于自我决定理论考虑激活动机的特征类型，导向性考虑更多的是产生动机的目标对象，自己或者是他人。同样是帮助他人，自我决定理论认为帮助他人就是为了满足自我竞争需求，利他主义却认为即使行为本身是帮助他人，并且该行为是为了满足自我竞争需求，但是动机得到满足的路径可以是为了他人，也可以是为了自己。例如，有些人帮助他人是希望看到他人的改变，而有些人却希望自己的价值得到体现。虽然两者最终都是为了满足自我的内部需求，但是动机的导向有所不同。本书基于利他主义的分类方法，将投资动机导向分为自我导向和他人导向，在此基础上进一步探究不同动机导向对投资行为的影响。

学者从多个角度对利他主义进行了解释。社会生物学家认为，利他主义有利于亲缘性生物的生存，是自然的选择。Krebs 和 Davies（1993）认为利他主义是指为了增加他者繁衍数量而自我牺牲或放弃繁衍机会的有代价行为。由此可见，生物学的角度认为利他主义的核心是为了最大化族群的利益而牺牲个体的利益。从经济学的角度来看，学者通常使用社会交换理论来解释利他主义。社会交换理论认为，人们的互动往往以利益最大化、成本最小化为目标。换言之，利他主义的动机要么是一种社会投资，要么期盼未来回报。Fehr 和 Fischbacher（2003）认为利他主义实际上是赋予了其他个体经济利益并付出高昂代价的行为，只是这种代价和利益是无法确定的。可见，经济学的视角认为利他主义最终还是为了成就自己的利益，只是这种利益在短期内无法被衡量或者无法被直接衡量。

3.4　众筹动机的研究框架

3.4.1　研究总框架

本书的研究框架如图 3.1 所示。

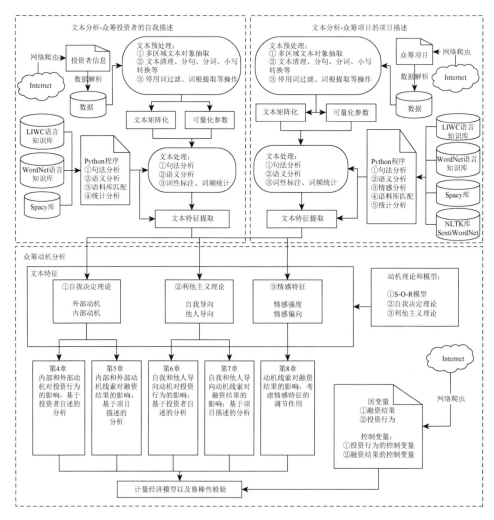

图 3.1　本书研究框架

首先,本书使用 S-O-R 模型、自我决定理论和利他主义理论来构建理论框架。
S-O-R 模型将刺激因素和反应行为关联,构成了研究文本特征对行为影响的框架;自我决定理论是动机分类的理论依据,它将动机分为内部动机和外部动机;利他主义理论是研究行为的基础理论,它将个人动机导向分为自我导向和他人导向。

其次,本书围绕投资者的自我描述和融资者的项目描述两类文本展开,基于语义分析、情感分类等文本挖掘方法,从上述两类文本中提取文本特征,并通过文本特征来表达投资动机或刺激投资动机的因素:利用自我描述的文本特征来表达投资动机,利用项目描述的文本线索来表达刺激投资动机的因素。

最后,本书采用实证分析的方法,构建投资动机与投资行为关系的理论模型,通过计量分析的方法探究投资动机和行为的关系。

3.4.2　动机研究框架

动机是探讨个体行为的基础,同样的行为可以由不同的动机触发,不同行为产生的诱因也存在差异。如果投资行为研究忽略了投资动机,就会把所有投资行为的诱因统一看待。例如,追求回报的投资者和为了帮助社会的投资者希望看到的项目内容和结果必然会不一样。

在传统投资市场上,投资者是专业投资机构,动机研究容易被忽略,因为传统投资通常都是追求回报的,投资行为也更为理性。即便如此,学者发现传统投资机构的投资行为也会受到其他动机的影响。例如,可持续性意识和情感引发(Reyhanloo et al.,2018)、心理动机(Ecker et al.,2018)等。

众筹市场与传统的投资市场有诸多不同。首先,众筹市场面向互联网人群,互联网人群和专业投资者有很大的区别,而且不同的互联网群体关注的内容也不同(Allison et al.,2017),因此众筹投资动机和传统机构存在区别。其次,众筹项目回报不一定是现金回报,所以相对于传统投资把追求回报作为主因,众筹市场可能具备更多投资原因。

投资群体不同,众筹市场的投资动机也会有区别。发掘众筹项目的投资动机是目前投资行为研究的难点。

本书的投资动机研究是基于自我决定理论和利他主义理论的。自我决定理论是从投资者的内部动机和外部动机出发,研究投资者对投资回报的不同需求。利他主义理论是从投资者投资动机的导向出发,研究投资动机关注的不同目标。表 3.1 展示了本书研究的动机理论、解释以及示例。

表 3.1　本书研究的动机理论、解释以及示例

动机理论	解释	示例
自我决定理论	自我决定理论将人类行为分为自我决定行为和非自我决定行为，认为人类行为无驱动或由内部动机和外部动机驱动	个体炫耀自己的能力或财力是内部动机中的竞争需求的表现
利他主义理论	利他主义被界定为某人为了他人的利益而牺牲自我，而非基于个人的自我提升或内在的幸福感而牺牲他人	通过捐赠，个体希望改变他人的生活，这是一种利他主义 通过捐赠，个体让他人看到自己的能力，这是一种利己主义

3.4.3　文本研究框架

文本类的信息在互联网社区中被广泛使用，成为商家和用户沟通交流的重要渠道。从众筹平台的项目页面的占比和内容上看，文本类的信息占比最大。文本内容已经成为投融资双方展示各自特点的重要媒介。为此，本书在 2.4 节对两类重要的文本信息（项目描述和投资者自述）做了详细介绍。

以往的研究验证了文本对众筹项目的重要性，同时项目描述作为投资者了解项目的信息来源，也能够促进融资成功（Mollick，2014；Greenberg and Mollick，2017）。学者从文本长度（Moy et al.，2018）、文本词汇量（Aprilia and Wibowo，2017）、文本复杂度（Block et al.，2018）、文本情感内容（Wang et al.，2017a）、文本修辞方式（Wang et al.，2017a）、文本语言风格（Parhankangas and Renko，2017）、文本主客观性（Goering et al.，2011）、文本的描述内容（Marom and Sade，2013）等角度，论证了文本内容对投资者投资行为的影响。

具体而言，学者分析了项目描述中词语类型的效用，发现不同类型的词汇内容对投资者的影响也不同（Mitra and Gilbert，2014）。Pietraszkiewicz 等（2017）基于项目描述中亲社会词汇的比例，分析投资者数量和亲社会词汇的关系。还有学者认为，对于不同类型的众筹项目，其描述内容也不同。例如，科技类项目要突出项目的创新性；艺术类项目则侧重融资者的特性（Marom and Sade，2013）。上述研究表明，文本分析对融资效果具有重要的价值，这也给本书提供了方向。

众筹平台提供了多个文本展示区域，不同类型的文本的撰写者和阅读者均不同。本书以投资者的自我描述和融资者的项目描述为对象，它们涵盖了投资者的自我评价以及融资者对项目的介绍，是影响投资动机和投资行为的重要因素。表 3.2 展示了本书研究的文本内容、定义以及示例。

表 3.2　本书研究的文本内容、定义以及示例

文本内容	定义	示例（原英文，现译为中文）
融资者的项目描述	融资者对众筹项目详细描述的文本内容	这个项目的目标是创造一个安全和匿名的应用，让所有人免费寻找爱人。所有筹集的资金都会用于资助应用的开发，并保障该应用拥有易用的安全措施
投资者的自我描述	投资者对个人相关信息的详细描述	我希望能够帮助他人改善生活。Kiva 平台帮借款者建立商业业务并维持业务运营

文本分析，也叫文本挖掘，指的是利用计算机和统计学方法对文本数据进行分析、提取和理解的过程。文本分析的主要目的是从大量的文本数据中发现模式、关系和意义，为决策和业务提供支持。常用的文本分析方法包括情感分析、主题建模、文本分类、关系提取等。文本分析可以应用于社会科学、医学、商业、信息科学等各个领域，广泛用于对文本数据进行处理和分析，从中发掘出有价值的信息。

与文本分析相关的一个领域是自然语言处理（natural language processing，NLP）。它是计算机科学、人工智能和语言学等学科交叉的研究领域，涉及人与计算机之间的自然语言交互和语言理解（冯志伟，1996）。它的目标是使计算机能够理解、处理、生成和分析人类语言，从而使计算机和人类建立更加自然、有效和直接的交互方式。自然语言处理涉及自然语言的语法、语义、语用等各个方面，包括文本预处理、分词、句法分析、词性标注、命名实体识别、情感分析、机器翻译等技术，应用范围广泛，例如，搜索引擎、语音识别、自动问答、智能客服、机器翻译等领域。

本书所采用的文本分析及自然语言处理技术包括向量空间模型（vector space model，VSM）、语言知识库和情感分析（sentiment analysis）技术。

1）向量空间模型

向量空间模型也称为词袋（bag of words，BOW）模型，是一种用于表示文本文档的数学模型。该模型将文本文档看作一个高维空间的向量，每个维度代表文档中的一个特征或属性，而每个维度上的取值则代表该特征在文档中的重要性或权重（Salton et al.，1975）。在向量空间模型中，文本文档可以被表示为一个向量，其中向量的每个元素对应于文档中的一个词语或短语。每个元素的值可以是词频、词频-逆文档频率（term frequency-inverse document frequency，TF-IDF）或其他权重值，用来衡量该词语或短语在文档中的重要性。

在向量空间模型中，每个文档被表示为一个词语的向量序列。例如，对于第 i 个文档 d_i 来说，它被表示为 $d_i = (w_{i1}, w_{i2}, \cdots, w_{in})$，$n$ 代表 d_i 中出现的词语总数。其中，文档指的是一个具有统一目的的词语集合，如一段文本或者文本的一个片段。对于众筹项目而言，本书把每一个项目描述作为一个文档，也可以把项目描述的一个段落作为一个文档。基于向量空间的模型索引也是用词序列来表示的，其形式化为 $q = (w_{q1}, w_{q2}, \cdots, w_{qm})$，其中 m 为查询中的词语总数。每个查询用词序列的数值向量表示，并确定特征项集合（terms），特征项集合指的是语言单元 T，如字、词语、词组等。以特征项作为属性构成向量空间，并计算该查询的特征项在文档中的匹配，最终将文档和查询匹配到特征空间。通常，使用的属性计算方式为 TF-IDF 方式。TF-IDF 算法是一种常用于文本分析的统计方法，用以评估一个词对一个文档集合中的某一篇文本的重要程度。词的重要性随着它在某一篇文本中出现的频率呈正比增加，但同时会随着它在整个文档集合中出现的频率呈反比下降。TF 代表词频（term frequency），它是特征词出现在文章中的频率，其定义为

$$\text{TF}(w) = f(w) / n \tag{3.1}$$

式中，$f(w)$ 为 w 在文本中出现的频数；n 为文本中实词的总数。IDF 代表逆文档频率（inverse document frequency），它是特征的逆文档频率，其定义为

$$\text{IDF}(w) = \lg D(d+1) \tag{3.2}$$

式中，D 为文本总数；d 为包含词 w 的文本的数量。通过上述两个公式可知，TF 反映的是 w 在文本中的重要程度，而 IDF 反映的是 w 在整个文档集合中的常见程度。若一个词的 TF 和 IDF 值都比较大，则表明这个词在整个文档集合中不常见，但是在该文本中却大量出现，即该词为该文本的一个关键词，需分配较大的权重，权重为

$$\text{TF} - \text{IDF}(w) = \text{TF}(w) \times \text{IDF}(w) \tag{3.3}$$

TF-IDF 算法可以直接计算特征的权重。面对数据量的增长，TF-IDF 算法的复杂度是线性增长的，适用于海量数据下文本信息量的统计算法。

在文本情感分析中，还经常使用布尔权重（Boolean weight）。布尔权重是以特征词是否在文档中出现作为计数，如果出现则取值为 1，否则取值为 0。文档和查询表示为向量空间模型后，表示的是空间中的一个向量。这个表示向量可以被认为是一个词袋。如果假设特征项之间是语义独立的，即向量表示空间实质上是一个欧氏空间，在这个表示空间中，每个维度代表了一个特征项的语义元素，这个语义元素的数值就是文档和查询映射在该维度上的语义强度。基于欧氏空间的关系度量规则，向量内积代表了语义关联，具体表现在距离和夹角这两种关系上。在检索过程中，使用余弦值作为文档和查询的相似性度量。令 $V_T(x)$ 为文本系列 x 在特征项集合 T 上的数值化向量表示，则文档 d_i 和查询 q 的余弦相似度表示为

$$\cos(V_T(d_i), \ V_T(q)) = \frac{V_T(d_i)V_T(q)}{|V_T(d_i)| \cdot |V_T(q)|} \tag{3.4}$$

向量空间模型具有以下优势。

（1）简单易懂。该模型简单直观，易于理解和实现。

（2）能够快速计算文档相似度。该模型使用余弦相似度等方法计算任意两个文档之间的相似度，计算快速、准确。

（3）可以处理高维度数据。该模型可以用于处理高维度数据，因为它可以将每个维度看作一个属性或特征。

（4）对于不同大小的文档集合都适用。该模型适用于不同规模的文档集合，无论较小的文档集合还是大型数据集合都适用。

同时，向量空间模型也具有一定的劣势。

（1）忽略语义信息。该模型只考虑了每个单词的出现频率或权重，忽略了单词之间的语义关系，可能会导致出现歧义。

（2）未考虑词的顺序。该模型将文本看作一组无序的单词集合，忽略了单词的顺序可能会导致相似文档被错误地分类或者匹配。

（3）存在稀疏性问题。该模型产生的向量是高维稀疏向量，这会导致计算相似度时需要处理大量的零元素，增大了运算复杂度。同时，也会导致数据冗余和噪声增加。

（4）受噪声、停用词等干扰。该模型对停用词、标点符号等词汇也进行了处理，但是这些处理可能会忽略一些重要信息，导致计算结果出现明显偏差。

综合来说，向量空间模型在文本分类中具有较好的性能，所以被广泛应用在文本分析中。

2）语言知识库

语言知识库是存放语言知识的数据库，语言知识包括词语的集合、关系、规则等数据。语言知识库分为两类：一是词典、规则库、语义概念库等，这类语言知识是线性的表示，采用形式化结构描述；二是语言知识存在于语料库之中，每个语言单元的范畴、意义和用法都是确定的。语料库的主要内容是文本，即词语和语句的集合，每个语句都是线性的非结构化文本序列，语料库包含的语言知识是隐式存在的。语料加工的目的就是把隐性的语言知识显性化，以便于后续的学习、分析和使用。

常用的语言知识库包括 WordNet、FrameNet、语言探索与字词计数（linguistic inquiry and word count，LIWC）、中国知网等，下面对本书使用的 WordNet 和 LIWC 进行介绍。

WordNet 是一种英语词汇网络，是由普林斯顿大学认知心理语言学小组于 20 世纪 80 年代初创建的一种电子化词典与语料库。它将英语词汇按照一定的分类方式组织起来，每个词都被分配到若干组有相似义项的词语中，并且不同的义项之间通过语义关系互相联系。它的主要目的是为计算机提供 NLP 的支持，如信息检索、文本挖掘、语言翻译、自然语言理解等。

WordNet 是心理语言学和计算机技术结合的词典，是国际最有影响力的英语词汇知识资源库之一。其特点如下：首先，传统词典通过提供关于词语的信息来帮助用户理解词语的概念和意义，并且传统词典的词语组织关系是以单词拼写的正字法原则进行组织的。WordNet 以同义词集合（synset）为基础的构建单元组织词典，以每个概念为中心建立一个同义词集合；其次，相对于传统按照同义词来归类的词典，WordNet 基于心理语言学的关系来建立词语和同义词之间的关系，这些关系包括同义关系、反义关系、上下位关系、整体部分关系和继承关系等。WordNet 基于心理语言学建立的语义关系组织成巨大的词库图谱，多种词汇关系和语义关系被用来表示词汇知识的组织形式。WordNet 的优势在于它提供了丰富而有用的语义关系信息，能够帮助 NLP 系统更好地理解和分析自然语言。同时，由于 WordNet 是公开可用的，且得到广泛的应用和支持，它也成为其他语言的词典组织和语义标注的标准之一。目前 WordNet 包含了 79 689 个同义词集合。

LIWC 是一种计算语言学软件，用于分析文本中的语言、情感、社会心理等特征（Pennebaker et al.，2015）。它基于字典方法，将文本中的每个词语匹配到一个或多个语言、情感、心理维度上，并计算这些维度的频率和比例。LIWC 能够自动分析任何长度的文本，包括邮件、日志、社交媒体帖子、采访语言等形式多样的文本数据。

LIWC 的语言字典包括数千个单词，覆盖了心理学、社会学、语言学、计算语言学等多个领域的知识，如情感、社会关系、知觉、时间、健康等。用户也可以通过增加自定义词典来增强 LIWC 的应用。从 1993 年开始，LIWC 经过多个版本的改进，目前使用较多的版本是 LIWC2015。

LIWC 包含三类集合：语言维度、其他语法和心理过程。其中，心理过程作为主要的数据集合，包含十类数据：①情绪内容，包含正面情感、负面情感；②社会关系，包括家庭、朋友等；③认知内容，包括因果、差异、认识等；④感官，包括看、听、感觉；⑤生理，包括身体、健康等；⑥驱动，包括关系、实现、力量、回报等；⑦时间维度，包括过去、现在、未来；⑧相对概念，包括空间、时间；⑨个人关注，包括工作、生活、家、钱等；⑩非正式语言，包括网络用语、停顿词等。

LIWC 的词汇建立包括六个步骤（Pennebaker et al.，2015）：①词汇收集过程，2~6 个专家人工生成各个词语分类的单词列表；②评估等级阶段，4~8 个专家评估单词列表并建立初始的量表；③基本评级分析，将单词列表在多个文本源中进行频度分析，频度较少的词语会被剔除，文本源包括博客、语言学习教程、小说、互联网网站等；④生成候选单词列表，将其他数据源中出现但是并未被收入的单词放入候选单词列表；⑤心理测量评估，对候选单词列表和单词列表的单词进行评估；⑥精细化阶段，反复通过①~⑤的步骤，精细化单词列表并降低错误率。

LIWC 被应用在个人的心理和情感评估中。Zhao 等（2016）验证了 LIWC 在社交网络短文本的心理表达检测中的有效性。Proyer 和 Brauer（2018）基于 LIWC 检验了成人在陌生环境下的快乐感。Pennebaker（2017）基于 LIWC 分析了文本中隐含的社交关系、个人特征信息。Kahn 等（2007）验证了 LIWC 在情感表达分析中的有效性。LIWC 也被应用于动机研究。Schultheiss（2013）验证了基于 LIWC 的词频分析方法在隐式动机分析上的有效性。

　　3）情感分析技术

　　情感分析技术又称为意见挖掘（opinion mining），是利用文本挖掘技术对文本进行语义分析，旨在识别用户的情感趋向是"高兴"还是"伤悲"，或判断用户的观点是"赞同"还是"反对"（王洪伟等，2013）。情感分析涉及多种技术的综合应用，如自然语言处理、机器学习、信息抽取等。情感分析涵盖多个研究任务，例如，文本的主客观检测（Balahur et al.，2014）；不同粒度的情感分析（Wang et al.，2014）；产品"特征-观点对"提取等（Guo et al.，2013）。从分析粒度来看，情感分析包括粗粒度情感分析和细粒度情感分析。粗粒度情感分析是对整体文本的情感极性进行分析，包含基于模型的方法（陆浩等，2014），无监督（Chen et al.，2012；Paltoglou and Thelwall，2012）、半监督（Kim and Lee，2014）以及监督机器学习方法（Bharti and Singh，2015）。细粒度情感分析是基于词语级的特征观点进行情感极性和强度分析（Kanayama and Nasukawa，2012）。细粒度情感分析的步骤是：首先，计算词典中单个词语的情感极性，并根据每个独立词语的情感极性计算出词语之间的相关性；其次，综合所有词语的情感得到整个语句的情感极性和强度；最后，根据语句的情感综合计算文本全文的情感极性（史伟等，2015）。从技术方法来看，情感分析主要有两类方法：一类是基于语义分析的方法（杨佳能等，2014）；另一类是基于机器学习的方法（Zhang and Liu，2012）。

　　情感分析的应用范围很广，如评论效用分析（李常洪等，2014）、金融市场辅助决策分析（蒋翠清等，2015）以及社会舆情监督（黄卫东等，2014）等。

3.4.4　数据研究框架

　　本书的研究对象是融资时间到期的项目。众筹平台上，到期项目通常无法直接访问，只有正在融资或者融资成功的项目才能够浏览。融资尚未结束的项目存在融资结果的不确定性，不适合作为分析对象，所以这给本书的数据采集带来了难度。到期项目无法浏览，也无法通过搜索引擎搜索。但是，部分平台保留了到期项目的链接，我们可以在网站上搜寻这些项目的线索去寻找项目入口，这为本书的数据采集提供了思路。例如，通过 Indiegogo 平台的用户列表上的已投项目列表寻找该平台以往的项目；又如，通过 Kiva 平台上的应用编程接口（application programming interface，API）去采集该平台的项目。图 3.2 展示了本书的数据采集流程。

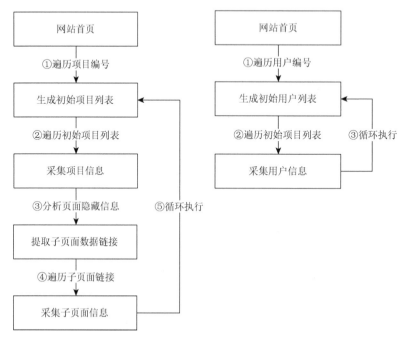

图 3.2　数据采集基本流程

本书编写爬虫程序抓取众筹项目信息。采集过程需要解决两个问题：①网站反爬机制是指通过采用多种技术手段来防止网络爬虫对网站信息的恶意采集，保护网站资源和数据的安全性与合法性的机制。目前，各大众筹平台都设立了反爬机制，为此本书通过深度模拟浏览器和降低访问频度来应对反爬机制，这也影响了数据采集速度；②相对于基于超文本传输协议（hypertext transfer protocol，HTTP）的传统静态页面展示方式，现在诸多平台的功能模块使用动态数据绑定的方式。为此，我们采用特殊的爬虫模式，包括分析 HTTP 头信息、字符编码转变、传输格式的解读、多 HTTP 请求的拼接等多种方式。本书使用 MySQL 数据库作为数据的存储方式，并将爬取的数据保存在数据库中。

通常，爬虫采用图遍历的模式，包括深度优先和广度优先两种模式。本书采用深度优先的模式遍历网站。深度优先模式先从一个采集节点进入，挖掘该节点以下的所有相关数据，直到采集完成后再返回最上层采集下一个节点的数据。深度优先遍历模式可以使数据更加完整，关联程度更高，同时更适用于本书采集的平台结构。

数据采集分为以下六步。

（1）访问包含项目索引的入口，并采集项目的种子数，其中 Indiegogo 的用户列表作为项目索引入口，Kiva 使用项目自增编号作为项目索引入口。遍历项目和用户的编号，获取用户列表和已结束的项目列表，生成初始的用户和项目列表。

（2）根据初始的用户和项目列表，遍历用户和项目页面，采集用户和项目信息。

（3）分析项目首页面的隐藏信息，提取有效的子页面数据链接。

（4）根据子页面数据链接，采集所需要的项目数据，如回报信息、评论信息、更新信息等。

（5）循环步骤（2）～步骤（4）完成多个项目的采集任务，直到所有相关信息采集完成。

（6）整理采集到的项目内容及相关信息，解析并生成格式化数据存入数据库。本书采用 Python 语言作为脚本语言，并使用 MySQL 作为存储数据的数据库。

本书将采集到的数据加入待处理的数据集，尽量不对数据做人为筛选，避免出现样本偏差，以确保结论更贴近真实场景并更加可靠。但是，为了确保数据的准确性，本书仍然需要筛出不符合研究要求的项目。

（1）正在融资且筹资比例不足 100% 的项目。这类项目还在融资过程中，融资结果尚不确定，所以无法根据当前状态来判断该项目是否融资成功，因此这类项目不符合研究的要求。

（2）因各种原因未完成融资或被取消的项目。这类项目在融资过程中由于各种原因而被取消，其状态虽然不会再变，但由于是非正常完成的，所以不符合本书研究的条件。

（3）从未对公众公开的项目。这类项目一直处于未公开状态，但是爬虫程序会默认采集平台上所有的项目。考虑到这类项目的特殊性，它们实际上很难被投资者关注，所以融资结果也不能反映项目吸引投资者的真实水平。因此，这类项目也不符合本书研究的条件。

本书采集了 Indiegogo 和 Kiva 两个平台的数据，并进行了描述性统计。首先，表 3.3 展示了 Indiegogo 实验数据的分类汇总。Indiegogo 的音乐类项目融资成功率最高，达到了 30.67%；本地生意类项目融资成功率最低，仅为 4.58%。从实际融资金额来看，设计创新类项目的平均融资额最高，达到 10247.31 美元；相对而言，本地生意类项目平均融资额最少，只有 511.22 美元。所有类别的项目平均融资时间都相近，分布在 40～50 天。

表 3.3 Indiegogo 实验数据的分类汇总（按项目类别）

项目类别	数量/个	成功率/%	平均融资额/美元	平均融资时间/天
艺术	2 525	24.70	1 357.07	42.32
游戏	1 986	8.64	795.10	44.67
音乐	3 332	30.67	1 704.08	43.66
影视频	6 317	29.43	2 740.26	41.33
旅行	177	17.21	1 984.95	45.92
自媒体	1 338	13.88	1 554.89	44.42
出版	1 231	21.60	955.12	44.14
权利	9 812	16.97	1 048.31	42.95
教育	4 776	15.67	2 348.04	46.21
环境	1 094	12.08	1 254.76	47.54
健康	3 695	15.05	1 171.18	45.57
文化精神	1 013	14.79	881.73	44.13
食物	1 540	9.75	1 202.61	43.70
本地生意	4 333	4.58	511.22	47.00
社区	1 286	13.99	1 006.02	45.28
设计创新	5 974	38.94	10 247.31	44.18

本书从 Kiva 上采集了众筹项目、投资团队和投资者相关的数据。其中，投资团队是投资者自主发起并组建的虚拟组织，一个投资团队具有相似的兴趣点，例如，帮助特定人群或者追求最大回报等。投资者是以个人身份参与投资的个体，也是投资团队的组成单元。众筹项目是由融资者发起的项目，也是投资者和投资团队参与投资的项目。

表 3.4 展示了 Kiva 实验数据的分类汇总。数据集包括 86 659 个项目，每个项目平均有 19.8 个人参与，最多的一个项目获得了 99 次参与；共有 11 807 个投资团队，每个投资团队平均参与 1004 个项目，最多的一个投资团队参与了 1 208 189 个项目；共有 15 607 个投资者，每个投资者平均参与 129.8 个项目，其中最多的一个投资者参与了 54 791 个项目。

表 3.4 Kiva 实验数据的分类汇总

类型	计数/个	投资个数（最小）	投资个数（最大）	投资个数（平均数）	投资个数（标准差）
投资者	15 607	0	54 791	129.8	804.7
投资团队	11 807	0	1 208 189	1 004	15 870
众筹项目	86 659	0	99	19.8	24.8

Kiva 把项目分为 15 类，表 3.5 展示了 Kiva 实验数据的分类汇总。Kiva 的项目具有很强的慈善属性，所以融资成功率相对较高。其中，个人用具类项目的融资成功率高达 82.26%，运输类项目以 61.67%成为最低的成功率；在数量方面，农业类项目共计 25 669 个，项目数量在所有类别中最多；娱乐类项目只有 68 个，数量最少。在平均融资额方面，大多集中在 1000 美元以内，其中娱乐类项目获得最高的 1102.94 美元，而个人用具类项目平均融资额只有 388.47 美元。平均融资人数和平均融资额有接近的趋势，其中娱乐类项目平均获得 34.82 位投资者支持，是所有类别中最高的融资人数。个人用具类项目平均只有 11.80 位投资者参与，融资人数最少。

表 3.5 Kiva 实验数据的分类汇总（按项目类别）

项目类别	数量/个	成功率/%	平均融资额/美元	平均融资人数/人
农业	25 669	70.75	678.352	19.60
艺术	1 232	76.27	953.71	26.99
服装	4 171	66.7	978.24	24.05
建筑	760	76.18	946.41	28.62
教育	3 565	81.23	917.82	29.08
娱乐	68	74.12	1102.94	34.82
食物	16 827	77.08	805.40	19.81
健康	1 523	65.99	873.86	26.45
家务	3 987	67.37	668.07	20.92
手工	668	76.41	856.84	24.64
个人用具	4 576	82.26	388.47	11.80
零售	15 562	72.69	690.35	16.77
服务	5 518	69.99	840.36	22.80
运输	2 455	61.67	610.89	16.79
批发	78	74.87	1 054.16	33.58

3.4.5 模型研究框架

本书通过构建计量模型，对投资动机与投资行为的关系进行实证分析，为此因变量可以是以下几种。

（1）投资项目数，即每位投资者参与的众筹项目数。投资项目数越多，代表该投资者的投资意愿越强，投资行为也越多。

（2）融资成功率，即项目融资金额是否达到预设的融资目标。如果实现了融资目标则为成功，否则为失败。项目的融资成功率越高，代表项目对投资者的吸引力越大，对投资者的投资动机影响越大。

（3）融资完成率，即项目融资的进度，取值为融资金额和融资目标的比值。当融资金额达到了预设的融资目标时，完成率为100%。融资完成率越大，说明项目距离融资成功越近，项目的吸引力也越大。相对于融资成功率，融资完成率表达的项目吸引力更准确。

（4）融资参与人数，即每个项目的参与人数。通常，融资参与人数和融资金额成正比，但是它比融资金额更能表现项目对投资者的吸引力。

上述四个指标都是项目融资结果（或投资行为）的代理变量，第一个因变量以投资者为对象，后三个因变量则以项目为对象。

首先，基于投资者的行为，建立投资动机和动机导向模型，如式（3.5）所示：

$$FundingBehavior_i = \alpha + \sum Indep_i \times \beta + \sum Control\_Variables_i \times \gamma + \varepsilon_i \quad (3.5)$$

式中，$FundingBehavior_i$ 为用户 i 的投资行为，取值为用户 i 的投资项目数量，表示该投资者的投资行为的强弱；$\sum Indep_i$ 为用户 i 的投资动机或者动机导向集合；$\sum Control\_Variables_i$ 为控制变量集合；α 为截距；β 为有关投资动机或者动机导向的系数；γ 为控制变量的系数；ε_i 为随机扰动因素，通常假设 ε_i 服从正态分布，即 $\varepsilon_i \sim N(0, \delta^2)$。

其次，基于项目融资结果，建立项目内容的投资动机特征和动机导向特征的模型，如式（3.6）所示：

$$FundraisingResult_i = \alpha + \sum Stimuli_i \times \beta + \sum Control\_Variables_i \times \gamma + \varepsilon_i \quad (3.6)$$

式中，$FundraisingResult_i$ 为众筹项目 i 的融资结果，分别采用3个变量表示融资结果：融资成功率、融资完成率、融资人数。其中，融资成功率为项目 i 是否成功，如果融资金额大于等于预设金额则取值为1，否则为0。融资完成率为融资金额和融资目标的比值。融资金额的值越大，说明项目离融资成功越近。融资人数为每个项目的参与人数，它比融资金额更能表现项目对投资者的吸引力；$\sum Stimuli_i$ 为项目 i 的项目描述中刺激投资动机或动机导向的特征集合；α 为截距；β 为项目描述中投资动机或者动机导向特征的系数；γ 为控制变量的系数；ε_i 为随机扰动因素，通常假设 ε_i 服从正态分布，即 $\varepsilon_i \sim N(0, \delta^2)$。

最后，加入文本情感特征，建立情感特征对投资者动机的调节影响模型，如式（3.7）所示：

$$\text{FundraisingResult}_i = \alpha + \sum \text{Stimuli}_i \times \beta + \sum \text{Senti}_i \times \delta + \text{Senti}_i \times \text{Motive}_i \times \delta'$$
$$+ \sum \text{Control\_Variables}_i \times \gamma + \varepsilon_i$$

$$(3.7)$$

式中，$\sum \text{Senti}_i$ 为项目 i 的情感特征集合；$\sum \text{Stimuli}_i$ 为项目 i 的项目描述中刺激投资动机的特征集合；$\text{Senti}_i \times \text{Motive}_i$ 代表情感特征对投资动机特征的调节作用；α 为截距；β 为项目描述中投资动机特征的系数；γ 为控制变量的系数；ε_i 为随机扰动因素，通常假设 ε_i 服从正态分布，即 $\varepsilon_i \sim N(0, \delta^2)$。

第4章　内部和外部动机对投资行为的影响：
基于投资者自述的分析

4.1　内外部投资动机介绍

众筹市场面向互联网群体，因此与传统投资市场的专业投资群体有很大区别。不同的投资群体在关注的内容上存在很大的区别（Allison et al.，2017），例如，互联网群体的投资动机可能包括社交和资助等多种目的（Schwienbacher and Larralde，2010；Gerber and Hui，2013）。对投资者的投资动机进行分析，可以洞察不同投资者的投资目的，识别投资行为背后的诱因。通过了解这些诱因，融资者可以针对不同投资动机进行项目调整，从而提高众筹项目的融资效率。

本章将探讨内部和外部动机对投资行为的影响。投资者的自我描述可以揭示其真实的投资动机和目的。同时，由于众筹平台上独立投资者和投资团队行为的不同，本书还将分别研究投资者和投资团队在投资动机上的差异。

4.2　内外部投资动机的理论基础

动机是探讨个体行为的重要基础。即使是同样的行为，也可能由不同动机触发，而同样的动机，其诱因也可能存在差异。如果不对行为背后的动机及其诱因进行分析，就会忽略行为内在的意义。

Hull（1943）认为所有的动机都是由外部需求产生的，在不均衡状态的需求下，人类被动地响应接收到的刺激，并产生后续行为。Deci 和 Ryan（1985）提出了自我决定理论，指出除了人类生理需求产生的动机外，人类还会有自发的心理需求，从而产生行为动机。自我决定理论是一种动机理论，将人类的心理动机分为内部动机和外部动机两类。

本书在 3.2 节详细介绍了自我决定理论，并探讨了其在投资领域的应用（Sung and Choi，2018；Walker and Yip，2018）。例如，Seppey 等（2017）分析了投资者在不同监管机制下参与投资的动机。Ecker 等（2018）则探讨了房主对于储能系统的投资动机。这些研究表明，心理动机是引发投资行为的原因之一，并说明了该理论在金融投资领域的有效性和重要性。

4.3　内外部动机对融资结果影响的基本假设

投资行为受投资动机的影响，同时并非所有投资行为都是为了追求利润最大化。在传统的投资领域中，投资行为背后的动机存在差异。Palacios-González 和 Chamorro-Mera（2018）认为在社会责任投资中，投资者的消费习惯和投资有效性对投资意愿有正面影响，而个人收益对投资行为没有直接影响。此外，Muda 等（2018）通过分析冒险行为背后的动机，探讨不同经验投资者的投资行为导向。Yi（2006）研究了中国跨国企业在越南投资的动机，并探讨中国在越南投资的发展和未来。Reyhanloo 等（2018）发现，可持续投资行为是由可持续性意识和情感引发的，而不是被短期利润所驱动的。

众筹市场和传统投资领域存在明显的区别。众筹是一种借助互联网公开募集资金的方式，投资者通过捐赠、预购商品等方式，为特定项目提供资金支持（Schwienbacher and Larralde，2010）。相比传统投资市场的专业投资群体，众筹市场主要面向的是互联网用户。这两个不同的投资群体关注的内容和投资目的也不尽不同（Allison et al.，2017），因此参与众筹的动机也存在差异。学者通过问卷调查的方式对众筹投资动机进行了调研，并发现投资者参与众筹行为的主要原因包括获得回报、帮助他人、加入社交圈和参与到创造过程中实现项目（Schwienbacher and Larralde，2010；Allison et al.，2015；Jian and Shin，2015；Greenberg and Mollick，2017；Planells，2017；Steigenberger，2017；Zvilichovsky et al.，2018）。这些投资原因都会对投资者的投资行为产生影响，并最终影响众筹项目的融资结果。

在传统投资行业中，获得额外回报是主要的投资原因。在众筹领域，获得融资者承诺的回报成为投资者参与众筹的主要驱动因素（Cholakova and Clarysse，2015）。这里的回报指的是通过众筹项目获得的经济或物质奖励，虽然投资者不一定能获得金钱回报，但是他们有可能以商品的形式得到超出投资金额的价值。根据自我决定理论的观点，基于融资者承诺的回报而进行的投资行为属于个体的外部动机，为此我们提出以下假设。

H4.1　基于物质回报的外部动机对众筹投资者的投资行为有正面影响。

除了获得物质回报，投资者也会基于其他原因进行投资。首先，帮助他人是投资者参与投资的原因之一（Greenberg and Mollick，2017）。以往的研究表明，投资者支持某个项目是因为他们想通过帮助他人获得社会认可，或者是为了证明自己的社会能力（Muniz and O'Guinn，2001；Andreoni，1990；Titmuss，1970）。这种行为并不能让投资者获得经济或物质上的奖励，而是满足投资者的自身能力需求，因此是个体的内部动机的表现（Deci and Ryan，2000）。其次，享受参与众筹的过程也是投资者参与项目的原因之一（Zvilichovsky et al.，2018）。在风险投资领域，天使投资也存在类似的行为。天使投资人会因为个人兴趣而参与融资项目，例如，喜爱或者享受改变的过程（Mason and Harrison，2008；Mason and Rogers，1997；Benjamin and Margulis，2000）。投资者参与项目创造过程是为了表现自己的能力以满足能力需求，因此也是个体内部动机的表现（Deci and Ryan，2000）。最后，加入众筹项目或者融资者相关的社群也是投资者参与投资的原因之一（Cholakova and Clarysse，2015；Greenberg and Mollick，2017）。渴望更多的社交行为和扩大自己的社交圈都是出于满足个体的归属需求，因此也是个体内部动机的表现（Deci and Ryan，2000）。综上所述，上述投资行为产生都是内部动机触发的，内部动机是为了满足人类个体心理需求而自发产生的动机，为此我们提出以下假设。

H4.2 基于非物质回报的内部动机对众筹投资者的投资行为有正面影响。

许多学者一直在争论哪种投资动机更重要，是基于回报的投资动机还是其他的投资动机。首先，传统投资行业中，追求回报是投资的首要原因。基于理性经济人理论，Persky（1995）认为最大化财富为目的的投资者更倾向于理性化行为，这些投资者更倾向于看到文本描述中包含更多的理性描述和更少的情感内容。在众筹领域，追求回报同样是投资者参与众筹的原因之一，Cholakova 和 Clarysse（2015）的研究证明，获得融资者承诺的回报是投资者参与众筹项目的主要原因。

其次，在众筹市场中，虽然追求回报仍然是一种重要的投资原因，但该市场还具有一定的独特性。除了基于回报的投资目的，投资者也会因为其他种种原因投资。

最后，虽然两类动机的重要性还存在争议，但我们不能忽略在众筹市场上投资者群体偏移的问题。不同于传统投资市场的专业投资群体，众筹市场面向的是互联网群体，互联网群体自身的投资目的可能会有所不同。投资群体的偏移带来的投资目的和动机也会不同，不同投资群体所关注的内容和投资目的不一样（Allison et al.，2017），因此不同投资群体参与众筹的投资动机也不尽相同。我们有理由相信投资群体的偏移将减少专业投资者在众筹市场中所占的比例，从而降低基于投资回报的外部动机在所有投资动机中的比重。因此，本书提出如下假设。

H4.3 众筹投资者的内部动机比外部动机对投资行为的影响更大。

除了个人独立投资，投资者还可以在众筹平台上组建投资团队。通过投资平台，投资者可以结识志同道合的人组成投资团队。然而，投资团队和独立投资者之间存在一定的差别，这些差别也会导致投资团队和独立投资者在投资动机上有所不同。

首先，投资团队和独立投资者群体存在差异，那些经常参加社交活动的投资者可能有更强烈的归属需求（Deci and Ryan，1985），期望与他人建立联系。因此，相对于独立投资者，投资团队有更强的内部动机去投资项目。

其次，研究表明投资团队比独立投资者对收益变化的反应更加迟钝（Sutter，2007）。同时，有学者认为投资团队比独立投资者更容易承受短期损失（Rau，2015）。以上研究都认为，当投资者加入投资团队后，他们对回报的短期追求和敏感度会下降，并将这种转变归因于情绪波动产生的选择偏向（Sutter，2007；Summers and Duxbury，2012）。降低对回报的意愿，这其实是对投资者外部动机的一种削弱。

最后，投资者的行为可能会受到投资团队的影响（Rakesh et al.，2016）。由于投资团队的相互交流，个体投资行为可能受到羊群效应的影响（Zhang and Liu，2012）。尽管羊群效应不会导致内部动机和外部动机的偏差，但在外部动机较强而内部动机较弱的情况下，容易产生群体思维的一致性，从而加深某类动机的影响。由于投资团队本身就可能有更强的内部动机和更弱的外部动机，羊群效应又会间接放大这种倾向。因此，相对于独立投资者，投资团队的内部动机可能比外部动机对投资行为产生更大的影响。基于这一推断，我们提出以下假设。

H4.4 众筹投资团队的内部动机比外部动机对投资行为的影响更大。

本章的理论研究模型如图 4.1 所示。在众筹平台上，投资者不仅具有内部动机，还有外部动机，而投资行为也是由内部和外部动机共同作用引起的。随着投资者内部动机或外部动机的增强，其投资行为也会增强，并且内部动机的影响程度通常强于外部动机。此外，鉴于投资团队和独立投资者的不同，众筹投资团队的内部动机对投资行为的影响要大于外部动机。

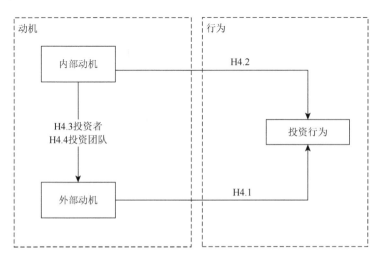

图 4.1 本章理论研究模型

4.4　研究方法和研究模型

4.4.1　研究数据

本章的研究数据来自 Kiva 平台。该平台已发起超过 470 万个项目，拥有 220 万名投资者，成功融资额超过 19 亿美元，覆盖 80 个国家或地区。Kiva 的数据已经被多个研究所使用（Anderson and Saxton，2016）。除了项目描述等信息外，Kiva 还展现了投资者（独立投资者和投资团队）填写的投资原因、注册时间和投资项目等信息。每位投资者都有独立的页面来展示个人或团队的信息。其中，个人页面包含投资者个人的投资原因、工作等个人信息，用于展示个人的特点；而团队页面展示了团队的自我描述以及团队成员，用来展示团队的自我特点并吸引新成员加入。表 4.1 为投资者和投资团队的自我描述样例。

表 4.1　投资者和投资团队的自我描述样例

文本内容	定义	举例（原英文，现译为中文）
投资者自我描述	投资者的自我描述信息	看到受资助的项目在成长是一种很有趣的体验
投资团队自我描述	投资团队的自我描述信息	对于投资者来说，重复借贷者通常代表更低的风险，所以我们会尽可能去资助重复借贷者。不要因为贷款给这个团队带来压力。为你选择的团队提供贷款，可随时来这里咨询帮助

本书从 Kiva 抓取了 15 608 个投资者和 11 808 个投资团队的数据，并采用 Python 语言作为数据采集的脚本语言，同时使用 MySQL 作为存储数据的数据库。为了保证数据的准确性，本书在采集过程中剔除了非英语描述的用户和项目。表 4.2 展示了数据的汇总信息。

表 4.2　实验数据样本汇总

类型	计数/个	投资个数（最小）	投资个数（最大）	投资个数（平均数）	投资个数（标准差）
投资者	15 608	0	54 791	129.8	804.7
投资团队	11 808	0	1 208 189	1 004	15 870

4.4.2　文本特征表示

Kiva 平台要求投资者在个人主页上填写自我描述，这是投资者对参与众筹项目的目的、远景以及自身条件等信息的描述文本，通常也隐含投资者的心情和性格。本书基于对众筹市场动机的先前研究，根据自我决定理论，将投资动机分为外部动机和内部动机。其中，外部动机使用报酬和风险相关的词汇作为动机特征，而内部动机则使用帮助、实现和关系等相关的词汇作为动机特征（Schwienbacher and Larralde，2010；Allison et al.，2015；Cholakova and Clarysse，2015；Jian and Shin，2015；Greenberg and Mollick，2017；Planells，2017；Steigenberger，2017；Zvilichovsky et al.，2018）。动机特征分类如表 4.3 所示。

表 4.3　动机特征分类

动机分类	需求	特征
外部动机	回报需求	回报特征
内部动机	能力需求	帮助特征
		实现特征
	关系需求	关系特征

如 3.4.3 节所述，LIWC 是一种基于个人情绪和认知分析的语言知识库（Pennebaker et al.，2015），被广泛应用于心理维度的文本分类及行为预测（Chung and Pennebaker，2011）。例如，LIWC 被应用在个人的心理和情感评估中，如基于社交网络短文本的心理检测（Zhao et al.，2016）、成年人在陌生环境下的快乐度分析（Proyer and Brauer，2018）、文本中隐含的个人特征分析（Pennebaker，2017）、情感表达分析中的有效性（Kahn et al.，2007）等。此外，LIWC 还被应用在动机研究中，如 Schultheiss（2013）验证了词频分析方法在动机分析中的有效性。LIWC 将个人情绪和认知相关的词语进行分类并建立词语集合，其中也包含了用户动机和用户驱动的词库。LIWC 提供了回报、实现能力和关系建立等动机分类的特定词汇，因此本书将使用 LIWC 中的词汇分类作为动机研究的基础分类。

但是，LIWC 并不完整地包含帮助他人的动机词汇，为此本书使用 WordNet 扩展基于帮助内容的语言知识库。如 3.4.3 节所述，WordNet 是一种心理语言学和计算机技术结合的词典，其中包含 79 689 个同义词集合。WordNet 已被验证为一种高效的心理学分类工具，并被广泛应用于众筹领域的语义分析中（Wang et al.，2017a）。

　　通过语义扩展初始关键词列表是一种有效的语言库构建方法（Wang et al.，2017a）。借鉴以往的研究（Pennebaker et al.，2015），本书采用四步法建立语言库。

　　（1）初始关键词识别。关键词是一组代表文本特征的词汇，初始关键词的生成主要使用和主题有明显相关性的词语。

　　（2）通过待分析文本的预处理，建立预分析的词表。预处理包括以下环节：①通过预清理，去除多余的空格以及无意义的字符；②通过小写转换，将词语全部转为统一的小写字母，然后移除文本中的标点符号；③移除文本中的停用词以及辅助词，降低后期无效的解析量；④通过词根提取，将词语的过去式、过去分词、现在分词、完成时等时态和复数还原为词的原始结果；⑤生成预处理后的文本词库。

　　（3）扩展初始关键词列表。将预处理后的文本词库逐个与初始关键词进行关联查询，如果词语和初始关键词在 WordNet 语言知识库属于同一个同义词集合，则把该词语放入关键词列表中，形成扩展关键词列表。本书使用 Python 语言中的 NLTK（natural language toolkit，自然语言处理工具包）库进行比对分析，NLTK 库包含 WordNet 语言知识库，提取代码如算法 4.1 所示。

算法 4.1　同义词提取

Input：初始关键词列表 keyword_list = {K_1, K_2, …, K_n} Output：同义词列表		
1	import NLTK	
2	For keyword in keyword_list	
3	Synonym_list = wordnet.synsets（K）;	
4	For sy in synonym_list	
5	If Sim_word in sy.synset（）;	
6	Add to output list;	
7	Outputs	

　　（4）对扩展关键词列表进行人工筛选，将与主题有明显区别的词语剔出关键词列表，并形成对应主题的语言库。

　　人工验证的流程如下。

　　（1）邀请 10 位参与过众筹的专家进行文本标注工作。10 位专家包括 5 位男性和 5 位女性，都对动机理论有所了解。

　　（2）从数据集中随机选择 300 份投资者自述信息。

　　（3）10 位专家对 300 份自述信息进行标注，每位专家选取阅读过程中感受最强的动机类型，并将其标注为该自述信息的动机，共得到 10 组 300 个标注结果。

（4）使用组内相关系数（intraclass correlation coefficient，ICC）来评估 10 位专家人工标注的一致性。ICC 计算方式见式（4.1）～式（4.3）（Fisher，1954）：

$$r_{\text{Fisher}} = \frac{1}{n-1} \sum_{i=1}^{n} \left(\frac{x_{i1} - \overline{x}_p}{s_p} \right) \left(\frac{x_{i2} - \overline{x}_p}{s_p} \right) \tag{4.1}$$

$$\overline{x}_p = \frac{1}{2n} \sum_{i=1}^{n} (x_{i1} + x_{i2}) \tag{4.2}$$

$$s_p^2 = \frac{1}{2n-1} \left[\sum_{i=1}^{n} (x_{i1} - \overline{x}_p)^2 + \sum_{i=1}^{n} (x_{i2} - \overline{x}_p)^2 \right] \tag{4.3}$$

式中，x_{i1}、x_{i2} 为观测值；$\overline{x}_p$ 为均值；s_p 为标准差；r_{Fisher} 为组内相关系数。结果显示 3 个评估结果的 ICC 为 0.78，有较好的一致性。

（5）将 10 组 300 份具备一致性的人工标注进行整理。我们将每份自述信息中人工标注最多的动机类型作为该自述信息的动机类型。

（6）将 300 份自述信息的人工标注视为正确分类，然后使用 Kappa 系数（Cohen，1960）对这 300 份自述信息的系统标注进行一致性校验。基于 LIWC 词库的词频统计的方式，我们将 300 份自述信息的最大词频作为该自述信息的系统标注结果。当系统标注和人工标注结果一致时，记为系统标注正确，否则记为错误。Kappa 系数计算方式见式（4.4），结果显示 Kappa 系数为 0.69，这说明人工标注与系统标注具有较强的一致性，因此系统标注是有效的。

$$\text{Kappa} = \frac{p_a - p_e}{1 - p_e} \tag{4.4}$$

式中，p_a 为两次观测的实际一致率；p_e 为两次观测的期望一致率。

我们使用 TF-IDF 值来量化投资动机特征。如 3.4.3 节所述，TF-IDF 算法认为词汇的重要性随它在某篇文本中出现的频率升高而上升，也随词汇在整个文档集中出现的频率升高而下降。

TF-IDF 可以计算出文本特征的权重。面对文本数据量的增长，TF-IDF 的复杂度也是线性增长的。为了验证本书所用的文本特征对于动机识别的效果，我们对识别结果进行了验证。基于词频的统计方式被诸多学者验证为一种有效的心理学研究和评估的方式（Eid and Diener，2006；Gottschalk，2000；Pennebaker et al.，2003）。本书依据已有研究方法（Marom and Sade，2013；Duarte et al.，2012），通过人工对文本进行标注的方式，校验基于词库的统计识别方式的有效性。语料库的生成框架如图 4.2 所示。

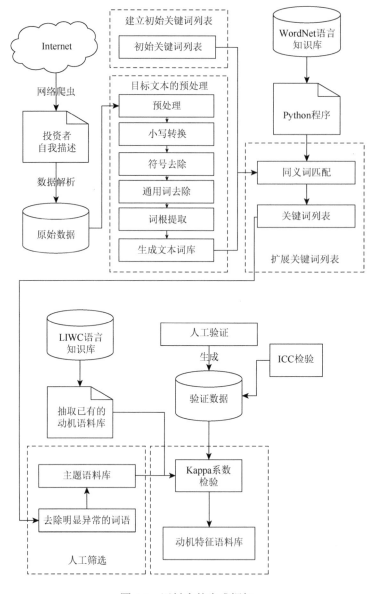

图 4.2 语料库的生成框架

4.4.3 研究模型

本书采用回归模型，探究投资者和投资团队的投资动机对投资行为的影响，见式（4.5）：

$$FundingBehavior_i = \alpha + \sum M_i \times \beta + \sum Z_i \times \gamma + \varepsilon_i \qquad (4.5)$$

式中，$FundingBehavior_i$ 为因变量，代表第 i 个投资者（投资者或投资团队）的投资行为，采用第 i 位投资者参与的项目数来衡量，项目数越多，代表投资动机越强；M_i 为投资者的投资动机，使用从投资者自我描述中提取的动机特征来衡量，分别用 IntrinsicMotive 和 ExtrinsicMotive 表示投资者的内部和外部动机特征；Z_i 为控制变量集合，根据以往的研究（Agrawal et al.，2015；Conti et al.，2013；Mollick，2014；Aprilia and Wibowo，2017；Bernard and Gazel，2017；Zheng et al.，2017；Barbi and Bigelli，2017；Wang et al.，2017a；Roma et al.，2017；Kunz et al.，2017；Dey et al.，2017；Kuppuswamy and Bayus，2017），在投资者分析模型中，我们控制四个维度（描述、时长、背景、社交），共计六个变量；α 为截距；β 和 γ 分别为投资动机向量和控制变量的系数；ε_i 为随机扰动因素，其中 $\varepsilon_i \sim N(0,\delta^2)$。首先，投资者的自我描述会影响其动机特征分析，为此将自我描述的文本长度（NarrativeLength）作为控制变量；其次，投资者在平台停留的时间越长，其投资行为就会越多，因此将投资者自注册日起的天数（FundingDuration）作为控制变量；再次，投资者的背景对投资行为会有影响，因此将投资者是否工作（Occupation）加入控制变量，即 1 代表有，0 代表没有。再次，将投资者是否提供地理位置（Location）加入控制变量，即 1 代表有，0 代表没有；最后，投资者自身的社交行为也会影响投资行为，因此增加两个社交属性作为控制变量：投资者是否被好友邀请（Invited），1 代表是，0 代表不是；以及投资者邀请好友的数量（Invitee）。

　　类似地，在投资团队分析模型中，我们控制四个维度（描述、时长、规模、背景）、六个变量。首先，投资团队的自我描述会影响其动机特征分析，为此将自我描述的文本长度（NarrativeLength）作为控制变量；其次，投资团队在平台上停留的时间越长，其投资行为也会越多，因此将投资团队自创建日起的天数（TeamDuration）作为控制变量；再次，考虑到团队规模也会影响投资行为，为此将投资团队的成员数量（TeamSize）加入控制变量；最后，考虑到投资团队的成员范围也会影响投资行为，不同成员范围的投资动机也会不同，所以再引入三个控制变量，是不是独立组织（Extensibility）（投资团队是不是在平台外独立存在的组织，1 代表是独立组织，0 代表不是独立组织）、是不是私密团队（Privacy）（投资团队是不是私密团队或对所有人开放，1 代表私密团队，0 代表公开团队）以及是不是全球化团队（Global）（投资团队是否接受所有地域的成员，1 代表是，0 代表不是）。表 4.4 和表 4.5 分别给出了变量定义和描述统计。

表 4.4　变量定义描述

变量	定义
	投资者
FundingBehavior	个体投资者参与的众筹项目数量
ExtrinsicMotive	个体投资者自我描述中关于外部动机的量化特征
IntrinsicMotive	个体投资者自我描述中关于内部动机的量化特征
NarrativeLength	个体投资者自我描述文本长度
FundingDuration	个体投资者自注册日起的天数
Occupation	个体投资者是否具有工作
Location	个体投资者是否提供位置
Invited	个体投资者是否被好友邀请
Invitee	个体投资者邀请其他好友进入平台的数量
	投资团队
FundingBehavior	投资团队参与的众筹项目数量
ExtrinsicMotive	投资团队自我描述中关于外部动机的量化特征
IntrinsicMotive	投资团队自我描述中关于内部动机的量化特征
NarrativeLength	投资团队自我描述文本长度
TeamDuration	投资团队自创建日起的天数
TeamSize	投资团队的团队人数
Extensibility	投资团队是不是在网站外独立存在的组织
Privacy	投资团队是不是私密团队或对所有人开放
Global	投资团队是否接受所有地域的成员

表 4.5　变量描述统计

变量	最小值	最大值	平均值	标准差
		投资者		
FundingBehavior	0	54 791	129.82	804.71
ExtrinsicMotive	0	1.106	0.015	0.049
IntrinsicMotive	0	0.209	0.027	0.030
NarrativeLength	1	809	23.69	25.638
FundingDuration	15	4507	3 061.78	917.92
Occupation	0	1	0.803	0.40
Location	0	1	0.76	0.43
Invited	0	1	0.21	0.41
Invitee	0	381	1.21	4.73

续表

变量	最小值	最大值	平均值	标准差
		投资团队		
FundingBehavior	0	1 208 189	1 004.07	15 870.05
ExtrinsicMotive	0	1.33	0.015	0.052
IntrinsicMotive	0	0.016 7	0.002 7	0.002 4
NarrativeLength	0	15 770	30.58	153.25
TeamDuration	567	3 933	2 757.92	949.1
TeamSize	1	991	67.57	1 928.8
Extensibility	0	1	0.388	0.49
Privacy	0	1	0.25	0.44
Global	0	1	0.20	0.40

4.5　实验结果和结果讨论

4.5.1　实验结果

我们对投资者和投资团队分析模型的变量进行相关性分析和多重共线性检验，结果如表 4.6 和表 4.7 所示。变量之间的相关性均远低于 0.7（Anderson et al.，1990）且多重共线性指标远低于 10.0（Marquardt and Snee，1975），表明变量的相关性和多重共线性的问题在可接受范围内。

表 4.6　投资者模型的变量相关性分析

变量	Narrative Length	Location	Occupation	Invitee	Invited	Funding Duration	Intrinsic Motive	Extrinsic Motive
NarrativeLength	1							
Location	0.017*	1						
Occupation	0.043**	0.189**	1					
Invitee	0.022**	0.033**	0.021**	1				
Invited	−0.034**	−0.081**	−0.021**	0.012	1			
FundingDuration	0.055**	0.254**	0.248**	0.060**	−0.145**	1		
IntrinsicMotive	0.264**	0.025**	0.055**	−0.009	0.038**	0.072**	1	
ExtrinsicMotive	0.070**	−0.008	0.013	0.016*	0.001	0.021**	0.113**	1
VIF	1.167	1.092	1.087	1.005	1.026	1.144	1.037	1.126

注：VIF 表示方差膨胀因子（variance inflation factor）。

$*p<0.05$，$**p<0.01$。

表 4.7　投资团队模型的变量相关性分析

变量	TeamSize	Team Duration	Narrative Length	Privacy	Extensibility	Global	Extrinsic Motive	Intrinsic Motive
TeamSize	1							
TeamDuration	−0.001	1						
NarrativeLength	0.011	−0.005	1					
Privacy	−0.016	−0.113**	−0.005	1				
Extensibility	0.019*	0.043**	0.019*	−0.149**	1			
Global	0.025*	−0.015	0.037**	−0.097**	−0.059**	1		
ExtrinsicMotive	0.021*	−0.015	0.180**	−0.008	0.024**	0.040**	1	
IntrinsicMotive	0.031**	−0.009	0.196**	−0.066**	0.081**	0.039**	0.236**	1
VIF	1.002	1.015	1.062	1.082	1.098	1.050	1.035	1.019

* $p < 0.05$，** $p < 0.01$。

因变量均为连续变量，所以采用线性回归模型来检验假设，表 4.8 和表 4.9 分别给出了投资者和投资团队分析模型的回归结果，表中，Model R^2 为判定系数，ΔR^2 为调整判定系数，Model df 为模型自由度，Residual df 为残差自由度，N 为观测数量。

表 4.8　投资者投资动机的回归结果

数据类型	模型 1：控制变量		模型 2：所有变量	
	系数	显著性	系数	显著性
控制变量				
NarrativeLength	0.236***	0.000	0.231***	0.000
Location	0.009	0.270	0.010	0.246
Occupation	−0.020*	0.014	−0.020*	0.015
Invitee	0.121***	0.000	0.120***	0.000
Invited	−0.017*	0.032	−0.017*	0.037
FundingDuration	0.024**	0.005	0.023**	0.007
自变量				
IntrinsicMotive			0.057***	0.000
ExtrinsicMotive			0.020*	0.020
Model R^2	0.119		0.129	
ΔR^2	—		0.010***	
Model df	6		8	
Residual df	15 600		15 598	
N	15 606		15 606	

* $p < 0.05$，** $p < 0.01$，*** $p < 0.001$。

表 4.9　投资团队投资动机的回归结果

数据类型	模型 1：控制变量		模型 2：所有变量	
	系数	显著性	系数	显著性
控制变量				
TeamSize	0.524***	0.000	0.543***	0.000
TeamDuration	0.048***	0.000	0.053***	0.000
NarrativeLength	0.006	0.423	0.005	0.489
Privacy	−0.003	0.700	−0.002	0.774
Extensibility	0.023**	0.004	0.022*	0.006
Global	0.030***	0.000	0.031**	0.000
自变量				
IntrinsicMotive			−0.017**	0.009
ExtrinsicMotive			0.006	0.497
Model R^2	0.279		0.281	
ΔR^2	—		0.002***	
Model df	6		8	
Residual df	11 800		11 798	
N	11 806		11 806	

* $p < 0.05$，** $p < 0.01$，*** $p < 0.001$。

投资者分析模型的结果表明，添加自变量后的模型拟合优度更高（$\Delta R^2 = 0.010$，$p < 0.001$）。外部动机（0.020，$p = 0.020$）和内部动机（0.057，$p = 0.000$）和投资行为均呈正相关性，说明投资者参与众筹市场受到外部动机和内部动机的共同影响，这个结果和假设 H4.1、H4.2 相符合，同时内部动机对投资行为的影响也大于外部动机对投资行为的影响，这个结果也验证了假设 H4.3。

在控制变量中，投资者自我描述的长度（0.236，$p = 0.000$）对投资行为有正面影响，表示更愿意花费时间撰写自我描述的投资者对融资贡献会更大（Aprilia and Wibowo，2017）。投资者在平台停留时间对投资行为有正面影响（0.024，$p = 0.005$），这个结果与预期相符，投资者在平台的时间越长，其参与的投资也会越多。投资者是否有工作（−0.020，$p = 0.014$）和投资行为负相关，说明有工作背景的投资者的投资意愿较低，但是投资者的地址信息（0.009，$p = 0.270$）对投资行为没有影响。投资者社交属性中，是否被邀请（−0.017，$p = 0.032$）对投资行为产生了负面影响，可见受邀而来的投资者的投资意愿会低于自己主动参与众筹的投资者。但是，邀请好友数量（0.121，$p = 0.000$）对投资行为有较强的正面影响，说明具有更强的意愿在平台邀请好友或者参与社交行为的投资者，会表现出更强的投资意愿。

投资团队分析模型的结果表明，添加自变量后的模型拟合优度更高（$\Delta R^2 = 0.002$，$p < 0.001$）。外部动机（0.006，$p = 0.497$）对投资行为无显著的影响，内部动机（−0.017，$p = 0.009$）和投资行为有负相关性。投资团队并没有表现出更强的内部动机，反倒是内部动机较弱的投资团队有更强的投资行为。这个结果没有支持假设 H4.4。

在控制变量中，投资团队成员数量（0.524，$p = 0.000$）和团队组建时间（0.048，$p = 0.000$）与投资行为有正相关性。团队成员数量和团队组建时间都会对参与投资人数和时间产生正面影响，这个结果符合预期。和投资者不一样的是，投资团队的自我描述长度（0.006，$p = 0.423$）对投资行为没有影响，投资团队花费更多时间在自我描述上并不会对整个团队的投资行为产生正面影响。在投资团队的背景和范围上，是不是私密团队（−0.003，$p = 0.700$）对投资行为没有影响，但是投资团队接受所有地域的成员（0.030，$p = 0.000$）以及投资团队是不是独立组织（0.023，$p = 0.004$）对投资行为都有显著的正面影响。可见，全球化的团队以及更加专业和独立的团队会有更强的投资意愿。

本书利用 Kiva 平台上 5830 个投资者信息和 6702 个投资团队信息，对模型进行鲁棒性检验，结果如表 4.10 和表 4.11 所示。鲁棒性检验结果与实验结果接近，表明上述研究结论具备一定的鲁棒性。

表 4.10　投资者投资动机的鲁棒性检验结果

数据类型	模型 1：控制变量		模型 2：所有变量	
	系数	显著性	系数	显著性
控制变量				
NarrativeLength	0.346***	0.000	0.281***	0.000
Location	0.018	0.164	0.019	0.156
Occupation	−0.037**	0.004	−0.036**	0.006
Invitee	0.071***	0.000	0.067***	0.000
Invited	−0.018	0.167	−0.017	0.174
FundingDuration	0.024	0.073	0.021	0.120
自变量				
IntrinsicMotive			0.121***	0.000
ExtrinsicMotive			0.040*	0.018

续表

数据类型	模型 1：控制变量		模型 2：所有变量	
	系数	显著性	系数	显著性
Model R^2	0.123		0.136	
ΔR^2	—		0.013***	
Model df	6		8	
Residual df	5822		5820	
N	5828		5828	

* $p<0.05$，** $p<0.01$，*** $p<0.001$。

表 4.11　投资团队投资动机的鲁棒性检验结果

数据类型	模型 1：控制变量		模型 2：所有变量	
	系数	显著性	系数	显著性
控制变量				
TeamSize	0.763***	0.000	0.785***	0.000
TeamDuration	0.020**	0.009	0.022***	0.010
NarrativeLength	0.014	0.072	0.024*	0.049
Privacy	0.004	0.586	0.004	0.596
Extensibility	0.012	0.111	0.012	0.110
Global	0.024**	0.002	0.025**	0.002
自变量				
IntrinsicMotive			−0.022**	0.007
ExtrinsicMotive			0.014	0.093
Model R^2	0.605		0.606	
ΔR^2	—		0.001***	
Model df	6		8	
Residual df	6694		6692	
N	6700		6700	

注：* $p<0.05$，** $p<0.01$，*** $p<0.001$。

4.5.2　结果讨论

表 4.12 给出了研究假设的验证结果。

表 4.12　研究假设的验证结果

	假设	结果
H4.1	基于物质回报的外部动机对众筹投资者的投资行为有正面影响	支持
H4.2	基于非物质回报的内部动机对众筹投资者的投资行为有正面影响	支持
H4.3	众筹投资者的内部动机比外部动机对投资行为的影响更大	支持
H4.4	众筹投资团队的内部动机比外部动机对投资行为的影响更大	不支持

首先，本章验证了以往的研究结论，即投资者存在基于物质回报的外部动机和基于非物质回报的内部动机（Schwienbacher and Larralde，2010；Cholakova and Clarysse，2015；Greenberg and Mollick，2017）。同时，我们也发现，基于物质回报的外部动机和基于非物质回报的内部动机对投资者的投资行为都产生了正面影响。与传统投资市场不同，虽然物质回报仍然是投资者参与众筹项目的重要原因之一，但众筹市场更强调参与项目的乐趣和激情，也就是激发内部动机的因素（Allison et al.，2017）。例如，Kiva 平台在宣传中强调"支持所有人都有改变命运的能力"。因此，众筹市场吸引的投资者也会有更强的非物质回报动机。我们的结果也验证了这种现象，即内部动机对投资行为的影响较大，而且比外部动机更为重要。尽管 Cholakova 和 Clarysse（2015）认为获得融资者承诺的回报是投资者参与众筹项目的重要原因，但我们的研究认为内部动机才是众筹市场中投资者的主要投资动机。虽然我们认为内部动机是更重要的投资动机，但考虑到外部动机对投资行为也存在一定的影响，因此为了提高融资成功率，众筹平台应该使用不同的引导方式，兼顾不同投资动机的用户。

其次，我们的研究显示，投资团队内部动机对投资行为的影响并不大于外部动机。尽管之前的研究认为，频繁参与社交活动的投资者可能存在更强的归属需求（Deci and Ryan，1985），并且投资团队会比投资者存在更迟钝的收益敏感（Sutter，2007）和更弱的短期损失厌恶（Rau，2015）。但是，我们的研究发现，内部动机并没有显著增加投资团队的投资行为；相反，它降低了投资团队的投资意愿。由此可见，投资团队中的投资者并没有强烈的内部动机，虽然这个结果并不意味着投资团队不存在内部动机和外部动机，但至少说明加入投资团队的投资者不会更多地考虑非物质回报。相反，内部投资动机越少的投资团队具备更多的投资行为。因此，我们建议投资团队在招募人员时减少非物质回报的描述。

4.6　理论贡献和管理启示

4.6.1　理论贡献

首先，本章提供了一种新的众筹动机研究方法，它不同于传统的问卷调查方法，而是通过收集投资者在众筹平台上的自我描述信息，提取他们对自我投资原因的描述内容，并基于此内容对大量的投资者进行动机分析和验证。与传统方法相比，这种方法更准确地表达了投资者真实的投资原因。本章收集了众多投资者的自我描述，并进行了动机研究和验证，这为基于投资者自我描述的动机研究提供了一种新的分析方法。

其次，本章运用文本分析的方法来研究众筹动机。在当今的心理学领域中，基于文本挖掘的个体心理学研究已经越来越成熟，并建立了心理学的语言知识库（Pennebaker et al.，2015）。但是，众筹动机研究依然倾向于采用问卷调查的方式，而基于文本分析方法的心理学研究在众筹市场中还没有得到充分应用。因此，本章基于 LIWC 和 WordNet 语言知识库，为文本分析和众筹动机研究的结合进行了有益探索。

最后，传统投资行业对投资团队对投资者的投资影响以及投资团队整体的投资倾向进行了广泛研究（Sutter，2007；Rau，2015），然而，在众筹平台上针对投资团队的研究相对很少。以往的研究主要关注众筹平台上的投资者，没有分析投资团队的投资行为。本章结合动机分析理论，分析了投资团队的投资行为，揭示不同动机倾向对投资行为的影响，为众筹投资行为研究提供了新视角。

4.6.2　管理启示

本章为众筹平台提供了关于投资动机识别的深入指导。传统金融领域更加注重投资者的外部动机，而本章的研究揭示了众筹项目投资者存在基于物质回报的外部动机和基于非物质回报的内部动机。当投资者在自我描述中表露出这两种倾向时，都会对投资者的投资行为产生正面影响。因此，为了提高融资成功率，众筹平台应该采用多种引导方式，兼顾不同投资动机的投资者，而不仅仅强调投资回报。同时，在融资者筹备项目时，也需要考虑投资者存在的内部和外部动机，并撰写更具吸引力的项目信息以吸引投资者。

此外，本章为投资者社群建设提供了指导建议。社群是互联网平台提高用户黏性和价值的重要方式。众筹平台存在投资者社群，这些社群吸引了大量的投资者，会对投资者的投资行为产生影响。通常认为，更热衷于社群的投资者具有更强的内部动机，因为这些投资者更倾向于社交行为和与他人建立联系。本章的研究结果表明，加入社群的投资者并没有表现出更强的内部动机，说明加入投资团队的用户并没有更多地考虑非物质回报。相反，内部动机越少的投资团队具备越多的投资行为。为此，本章建议投资团队在招募人员时可以更多地宣传自己的特点，而不需要特别强调非物质回报的描述，因为非物质回报的描述并不会显著增加团队的投资。同时，众筹平台在建立社群时，也可以不用特意突出针对投资者的内部动机描述。

第5章 内部和外部动机线索对融资结果的影响：基于项目描述的分析

5.1 内外部动机线索介绍

投资行为受到不同投资动机的影响，如果忽略这种动机的差异，就会无法全面理解投资行为。第4章分析了内部和外部动机对投资行为的影响，但未深入探究触发这些不同投资动机的线索对融资结果的影响。

融资成功率低是众筹平台普遍面临的问题，严重影响了投融资双方以及第三方平台的利益，因此探究融资成功率的影响因素成为众筹研究的热点。在此背景下，众多学者基于不同视角对融资成功率的影响因素展开研究，主要围绕着发起人信息、项目展示信息、资金使用情况、项目运作模式以及多媒体信息等方面（Martens et al.，2007；Mollick，2014；Ahlers et al.，2015；Aprilia and Wibowo，2017）。

文本信息是众筹项目的重要展示方式之一，许多学者基于文本展示的内容对众筹项目的融资结果进行了研究。其中，融资者提供的项目描述是众筹项目完整信息的主要来源，同时也是投资者主要关注的内容之一。此描述包含了项目的起源、目标、过程、结果、特点以及相关参与方等主要描述内容。在众筹平台上，项目描述占据着重要的展示页面，是众筹项目页面的核心内容。鉴于项目描述的重要性，融资方需要花费时间准备这一内容。融资方会在描述对象、描述角度、描述方法、描述情绪等多个方面遣词造句，以期达到最佳的效果并吸引更多投资者的关注。

同时，项目描述也是学者分析众筹项目的重要数据来源，被广泛应用在文本内容、文本修辞等多个众筹领域的研究中（Mollick，2014；Greenberg and Mollick，2017）。例如，Mitra 和 Gilbert（2014）采用基于心理学分类的词典对项目描述文本进行分析，发现特定词语有助于提高融资成功率；Greenberg 等（2013）发现文本长度及可读性与融资成功率之间存在关系；Parhankangas 和 Renko（2017）验证了文本的修辞方式对社交活动类项目的成功率会产生影响，但是在商业类项目中没有发现这种相关性。上述研究揭示了文本信息对融资成功率的重要性。

　　综上所述，本章将采用实证分析与文本挖掘相结合的方法，针对融资者提供的项目描述，研究激发投资动机的线索对融资成功率的影响。

5.2　内外部动机线索的理论基础

　　在众筹领域中，学者利用内部和外部动机来解释投资者的投资行为，并发现这两种动机都是投资者的重要投资动机（Ryu and Kim，2018）。自我决定理论将个体的动机行为分为内部动机和外部动机。外部动机是因为物质回报而产生的动机；内部动机是因为个人心理的需求产生的动机，而心理需求又包括竞争需求、关系需求和自主需求（Deci and Ryan，1985）。这两类投资动机都会触发投资者的投资行为，最终影响众筹项目的融资结果。例如，当融资者宣传项目回报时，会刺激投资者的外部动机并激发由外部动机产生的投资行为；而当融资者频繁向投资者表达帮助需求时，可能会刺激投资者的竞争需求来展示自身能力，并激发由内部动机产生的投资行为。

　　S-O-R 模型已被应用在消费动机研究（Chang et al.，2011）和在线动机研究（Kim and Lennon，2013）中。Kim 和 Lennon（2013）发现网站对用户产生消费刺激受到网站质量因素的影响，更好的网站质量会大幅度提高用户的购买意愿。当投资者浏览众筹平台时，会受到项目页面内容的影响，最终产生投资行为。在研究众筹项目的投资行为时，我们发现 S-O-R 模型中的刺激因素主要是众筹项目的展示页面，组织指的是投资者的动机，反应代表投资者的投资行为。

　　在众筹平台中，项目描述是刺激投资者的重要因素。在项目页面中，文本信息占据了很大的比重，包括项目描述、回报奖励描述、更新描述以及在线评论等。其中，项目描述是用户获取项目信息的主要方式。许多学者的研究都证明了项目描述对融资结果存在影响。例如，Mitra 和 Gilbert（2014）使用基于心理学分类的词典对项目描述进行文本分析，揭示了描述文本中的特定词汇可以提高融资成功率；Wang 等（2017a）从语言风格角度论证了项目描述的修辞方式和融资成功率具有相关性；Greenberg 等（2013）揭示了项目描述的文本长度及可读性对融资成功率的影响。

5.3　内外部动机线索对融资结果影响的基本假设

　　基于 S-O-R 模型和自我决定理论，融资者会通过项目描述刺激投资者的内部和外部动机，从而激发其投资行为。不同的刺激内容会让投资者产生不同的动机，因为刺激因素能够对所触发的行为提供指引（Petri and Govern，2004）。动机的测量一般通过调整刺激条件并测量行为结果来实现。为了测量不同类型的动机，我们会采用不同的测量方式并产生不同的测量量表。例如，当感到饥饿时，我们会打开冰箱寻找食物以消除饥饿感，而不是打开水龙头以消除口渴感。

自我决定理论中，内部和外部动机被明确定义为是否为了额外的回报和奖励（Deci and Ryan，1985）。当刺激因素中包含对额外回报的追求时，我们就称它为外部动机。这种刺激因素在项目描述中也同样存在。LIWC 词库是一种分析动机和情绪的词库，本书使用 LIWC 词库来进行动机线索文本分析。LIWC 词库使用系统和人工结合的方式对文本线索进行分类，以避免对动机解释存在歧义，并保证文本的有效性和可靠性。当某个文本线索对某种动机行为具有显著的预测性时，它就会被加入对应的词库中。同时，LIWC 会通过一系列的测试来检验文本是否与现实世界的行为具有相关性或预测性（Tausczik and Pennebaker，2010）。

回报类信息是融资者通常采用的方式。在传统投资行业中，投资者通常以实现财富最大化为目的，因此他们关注的重点是投资回报（Persky，1995）。在基于回报的众筹平台上，投资选项通常包括一定的回报奖励，不同的投资金额会获得不同的回报。因此，融资者会通过强调吸引人的回报来吸引投资者的注意力。Cholakova 和 Clarysse（2015）指出，能否获得融资者承诺的回报是用户决定投资与否的主要因素之一，这表明众筹市场和传统投资行业存在一定的相似性。获得回报意味着获得经济或物质方面的奖励。根据自我决定理论，为了获得回报而进行的行为是由于外部动机的刺激，而不是因为个体内在的原因。因此，融资者会使用突出回报或折扣等词汇来激发投资者因为外部动机而进行的投资行为。基于上述分析，我们提出以下假设。

H5.1 突出回报和折扣的文字描述会激发投资者的投资动机，进而对投资行为产生正面影响。

融资者会在项目描述中请求或者感谢投资者的帮助。相对于从项目中获得回报，帮助他人也是投资者参与众筹的原因之一（Gerber and Hui，2013）。在进行风险投资的时候，天使投资人更多地考虑个人因素，如喜爱或者享受（Mason and Harrison，2008；Mason and Rogers，1997；Benjamin and Margulis，2000）。研究表明，投资者支持某个项目，是因为他们想通过帮助他人来获得社会认可或者证明自己的社会能力（Muniz and O'Guinn，2001；Andreoni，1990；Titmuss，1970）。根据自我决定理论，帮助他人以获得自己的成就感源于个体的内部动机（Deci and Ryan，2000）。这种帮助他人的行为并不会给投资者带来经济或物质上的奖励，而是满足投资者心理需求中的能力需求。因此，融资者通常会使用感谢和帮助等词汇来激发投资者产生成就感或社会认可的内在动机。理论上，这类词汇满足了投资者内部动机的心理能力需求，同时激发投资者因内部动机而产生的投资行为。基于上述分析，我们提出以下假设。

H5.2a　突出感谢的文字描述会激发投资者的投资动机，进而对投资行为产生正面影响。

H5.2b　突出帮助的文字描述会激发投资者的投资动机，进而对投资行为产生正面影响。

融资者可能在项目描述中强调团队实力或粉丝群体。已有研究表明，加入与融资者或项目相关的社交圈，也是投资者参与众筹项目的原因之一（Gerber and Hui，2013；Cholakova and Clarysse，2015）。根据自我决定理论，渴望增加社交行为和扩大自己的社交圈，都是源于个体心理需求中的归属需求（Deci and Ryan，2000）。融资者会使用关系建立等表述来激发投资者产生归属感和关系感，进而产生投资动机。理论上，这类词汇满足了投资者内部动机的心理归属需求，同时激发了他们基于内部动机的投资行为。基于上述分析，我们提出以下假设。

H5.3　突出关系建立的文字描述会激发投资者的投资动机，进而对投资行为产生正面影响。

融资者可能会在项目描述中使用限制类的词汇来驱使投资者参与项目，如时间期限、购买个数限制等（Xiao and Yue，2018）。虽然这类词汇会引发用户的冲动性投资行为，但是根据自我决定理论，限制类的词汇会给投资者减少自主性的暗示，降低个体内部动机中的自主需求（Deci and Ryan，2000）。例如，当儿童被迫完成某些任务时，就会产生逆反心理，降低主动做事的意愿。突出限制类的词汇削弱了投资者内部动机的自主能力需求，同时减弱了因内部动机而产生的投资行为。基于上述分析，我们提出如下假设。

H5.4　突出限制的文字描述会限制投资者的投资动机，进而对投资行为产生负面影响。

本章的理论研究模型如图 5.1 所示。众筹项目的描述内容会激发投资者对应的投资动机，进而影响投资者的投资行为，最终影响众筹项目的融资结果。

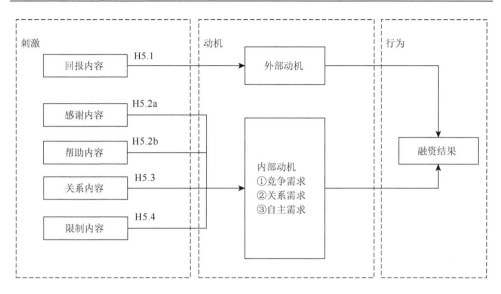

图 5.1　本章的理论研究模型

5.4　研究方法和研究模型

5.4.1　研究数据

　　本章的研究数据来自 Indiegogo 平台。Indiegogo 是全球最大的众筹平台之一，平均每个月发起 19 000 个项目，覆盖 235 个国家和地区，已经成功融资超过 100 亿美元。根据 Indiegogo 对众筹项目的分类，本书将项目分为三类：社会类项目、创意类项目和技术创新类项目。社会类项目是社群和社会类活动的项目，包括环境保护、权利保护、当地生意、社区活动等。创意类项目包括艺术或者媒体类的活动，如电影、音乐、摄影、电视节目类等。技术创新类项目包括可以改进生活方式的技术项目，如时尚穿戴设备、通信电话等。表 5.1 给出了众筹项目的类别和项目描述。

表 5.1　众筹项目的类别和项目描述

类别	定义	项目描述片段（举例，原英文，现译为中文）
社会类项目	社群和社会类活动的项目	我们努力通过与我们服务的社区合作来实现我们的目标。我们 2015 年的目标是：继续帮助布宜诺斯艾利斯农村的贫困家庭，特别关注有风险的女性学生和单亲家庭。继续在我们现有的各个教育中心内制订社区赋能计划，包括课后学校支持、季度医疗诊所以及健康营养教育

续表

类别	定义	项目描述片段（举例，原英文，现译为中文）
创意类项目	艺术或者媒体类的项目	平衡大厅将为各行各业的人们带来一个体验艺术、音乐、食物、教育、生活工具和自我意识的空间，主要是为"人"而不是为社会精英和趋势跟风者创建一个社交中心。凭借多年的经验，该项目将收集来自世界各地的知识，并将其置在一个独特的空间中，供人们放松、社交、探索，并真正成为某件事的一部分，同时在我们的整个社会中拓展自我所需的价值
技术创新类项目	最新改进生活方式的技术项目	每日做总结总是没有时间的，同时生活总是有压力的。令人遗憾的是，你的计算机无法理解你，虽然它提供了许多日常功能：写信、处理业务文档或只是提前计划工作。我们的目标是让你的计算机能理解你，感受你的情绪。我们要构建一台理解你、感受你的情绪并做出相应反应、为你规划播放列表的计算机

　　Indiegogo 的页面展现了众多信息，其中文本信息是重要的显示内容，包含项目标题、项目描述、回报文本、信息更新文本和用户评论等。其中，项目描述是项目的主要信息来源，包括起源、目标、过程、结果、特点以及相关参与方等内容。在项目页面上，项目描述也占据着重要的展示位置。对于融资方来说，项目描述也是他们需要花费大量时间精心准备的内容。融资方可能会在描述对象、描述视角、描述方法、描述情绪等方面遣词造句，以期吸引更多的投资者。

　　本章收集了 50 343 个项目的数据，包含项目描述、融资回报、融资时间、用户评论等信息。从表 5.2 的数据可以看出，创意类项目的融资成功率最高，达到 20%，而社会类项目的成功率最低，只有 14%。在平均融资金额方面，技术创新类项目达到了最高的 11695.35 美元，而社会类项目则只有 2202.52 美元。所有项目类别的平均融资时间都在 40～50 天。

表 5.2　实验数据样本汇总

项目类别	数量/个	融资成功率/%	平均融资金额（标准差）/美元	平均融资时间（标准差）/天
社会类项目	11 139	14	2 202.52（8 923.94）	42.44（16.99）
创意类项目	16 897	20	3 103.04（16 285.93）	40.65（15.48）
技术创新类项目	22 307	15	11 695.35（113 529.28）	43.40（15.48）

5.4.2　文本特征表示

　　本章以项目描述为研究对象，根据 S-O-R 模型以及自我决定理论，并参考之前的众筹动机研究（Schwienbacher and Larralde，2010；Allison et al.，2015；Cholakova and Clarysse，2015；Jian and Shin，2015；Greenberg and Mollick，2017；

Planells，2017；Steigenberger，2017；Zvilichovsky et al.，2018），梳理出以下文本特征，并与动机类型联系起来，如表 5.3 所示。

表 5.3　动机特征分类

动机分类	需求	特征
外部动机	回报需求	回报内容
内部动机	能力需求	帮助内容
		感谢内容
	关系需求	关系内容
	自主需求	限制内容

LIWC 是一种基于个人情绪和认知分析的语言知识库（Pennebaker et al.，2015），已广泛应用在个人的心理和情感的文本分析中（Kahn et al.，2007；Chung and Pennebaker，2011；Schultheiss，2013；Zhao et al.，2016；Proyer and Brauer，2018；Pennebaker，2017）。LIWC 将个人情绪和认知相关的词语进行分类并建立词语集合，其中还包含了用户动机相关的词库。

LIWC 中的词汇分类被用作动机刺激的基础分类。我们使用 LIWC 对"回报内容"和"关系内容"进行分析；对于未被 LIWC 定义的主题，我们使用 WordNet 创建"帮助内容"的语言知识库。WordNet 基于心理语言学的关系建立了词语和同义词之间的关系（Miller，1995），作为极具影响力的英语词汇知识资源库，已被用在众筹领域的语义分析中（Wang et al.，2017a）。

基于前人的语料库建立方法（Pennebaker et al.，2015），本书建立语料库，生成框架如图 5.2 所示。

5.4.3　研究模型

本节采用线性回归建立计量模型，分析投资动机对融资成功率的影响：

$$\text{Rate}_i = \alpha + M_i'\beta + Z_i'\gamma + \varepsilon_i \tag{5.5}$$

式中，Rate_i 为因变量，代表融资成功率，采用项目融资金额占目标金额的比例来衡量；M_i' 为投资动机向量，代表项目描述体现的投资动机特征；Z_i' 为控制变量集合；α 为截距；β 和 γ 分别为投资动机向量和控制变量的系数；ε_i 为随机扰动因素，通常 $\varepsilon_i \sim N(0,\delta^2)$。在鲁棒性检验中，我们认定达到融资目标的项目作为融资成功项目，并使用达到融资目标的项目在所有项目中的占比来衡量融资成功率。Indiegogo 将众筹模式分为两类：累积募资和达标募资。累积募资是指当融资期限

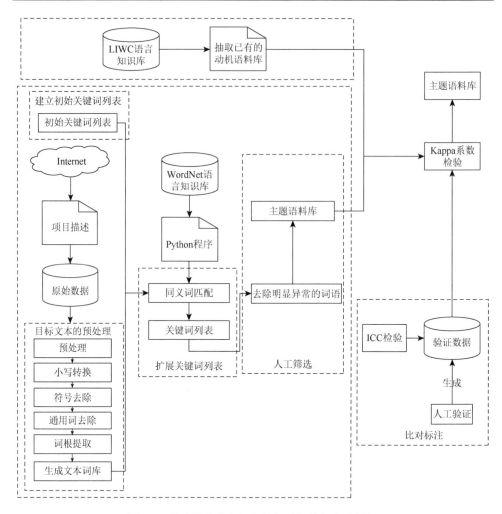

图 5.2　项目描述的内部和外部动机特征生成框架

结束时，如果融资金额没有达到预设融资目标，融资者仍可以获得筹集的资金。达标募资指的是当融资期限截止时，如果融资金额没有达到预设的融资金额，融资者将退还全部资金。本书将计算两种类型的项目在限定融资时间内筹集的资金。

　　目前，心理学的研究中，基于词库的词频统计是常用的文本分析方法。为此，我们基于 LIWC 词库通过统计文本中的分类关键词的词频来评估文本的情绪特征（Pennebaker et al.，2003）。

　　基于关键词的词频计数方法已经被多位学者验证为一种有效的心理学研究和评估的方式（Eid and Diener，2006；Gottschalk，2000；Pennebaker et al.，2003）。

Eid 和 Diener（2006）指出，该方法在文本情绪评估中已被证明可行，但是其准确度依然存在问题。然而，这些准确度问题并不影响该方法得出相对正确的结论。Hirsh 和 Peterson（2009）认为，基于 LIWC 的词频计数方式存在局限性，如无法完整反映上下文信息，以及每个单词的含义在统计学上可能存在不一致性。尽管存在限制，使用基于 LIWC 的词频计数方式的结果与心理学相关研究的结果却是一致的。

诸多研究已验证了基于词频计数的统计方式的有效性（Pennebaker and Francis，1996；Alpers et al.，2005；Bantum and Owen，2009）。Kahn 等（2007）发现，基于 LIWC 的情感词频统计方法是一种有效的口头情感表达衡量方法。Bantum 和 Owen（2009）认为，基于 LIWC 的词频计数方式在识别文本情感上比 PCAD（psychiatric content analysis and diagnosis，精神病学内容分析和诊断）方式更有效。McDonnell 等（2020）比较和验证了不同版本的 LIWC 词库的有效性及准确性。Schultheiss（2013）研究了文本中特定词汇的词频和隐含动机的关系，验证了基于 LIWC 的词频计数方式在动机测量方面具有一定的效度。Zhao 等（2016）验证了中文版 LIWC 的有效性，并将其应用在中文社交网络中短文本的心理分析中。Ji 和 Raney（2020）验证了基于词库的词频统计方式在情感识别上的有效性，并认为该方法在解释语言修辞技巧上存在一定缺陷，但在文本情感识别方面具有一定效度。Syah 等（2021）通过对学生的自我描述的研究表明，LIWC 可以作为研究学生动机和需求的工具。

基于 LIWC 词频计数的统计方式被应用于多项研究，探索心理过程和文本之间的关系（Mehl et al.，2006；Newman et al.，2008；Mehl et al.，2013；Robinson et al.，2013；Schwartz et al.，2013；Gaston et al.，2018；Chen et al.，2020）。LIWC 词汇类别所描述的语言特征可以用于分析用户的关注目标（Rude et al.，2004）、情绪程度（Golder and Macy，2011）、社会地位（Kacewicz et al.，2014）、社会协调和群体过程（Sexton and Helmreich，2000）、欺骗心理（Hancock et al.，2007）、亲密认知（Slatcher et al.，2008）、个人性格（Mairesse et al.，2007）、选举心理倾向（Tumasjan et al.，2011）、主观幸福感（Hu et al.，2015）、认知类型（Pennebaker et al.，2014）、决策行为（McHaney et al.，2018）、主观性（Sell and Farreras，2017）、心理健康状况（Capecelatro et al.，2013）、作者情感（McHaney et al.，2018）和其他心理差异（Newman et al.，2008）。

基于词库的动机类型关键词集合，我们采用词频计数方法统计文本中的关键词出现的次数，并计算每个关键词的 TF-IDF 加权值，以此作为每类投资动机的线索。在计算 TF-IDF 时，我们把每类动机类型的关键词设置为相同权重，并将其 TF-IDF 值汇总，这也是词频计数常用的设置（Pennebaker and Francis，1996；Alpers et al.，2005；Bantum and Owen，2009）。我们从项目描述中提取了五类投资动机的文本特征线索，分别是帮助语言特征、感谢语言特征、回报语言特征、限制语言特征和关系语言特征。

根据前人的研究，我们从项目属性、文本长度、发起人社交能力、交互情况、多媒体信息等 5 个方面加入 7 个控制变量，包括融资时长、融资目标、描述长度、发起人好友数量、更新次数、评论次数、视频介绍（Martens et al.，2007；Kuppuswamy and Bayus，2013；Mollick，2014；Ahlers et al.，2015；Agrawal et al.，2015；Aprilia and Wibowo，2017；Barbi and Bigelli，2017；Greenberg and Mollick，2017；Roma et al.，2017；Block et al.，2018；Wang et al.，2018a）。

首先，我们使用描述长度（DescriptionLength）作为控制变量，通常文本越长，项目融资成功的可能性就越高。其次，为了控制融资时间和融资目标对融资成功率的影响，我们将融资时长（Duration）和融资目标（Target）作为控制变量。同时，我们还将发起人（即融资者）的 Facebook 好友数（SocialAttribute）作为控制变量，以控制不同的社交背景对好友融资的影响。这个控制变量已被其他学者应用于众筹社交属性的研究中（Aprilia and Wibowo，2017）。再次，我们将项目的交互情况加入控制变量，包括更新次数（Updates）和评论次数（Comments），以控制不同的交互程度对项目曝光率和投资者吸引力的影响。最后，我们还加入提供视频介绍（Video）的二元变量，以控制视频介绍对投资者的额外吸引力。表 5.4 是变量定义描述。

表 5.4　变量定义描述

变量	定义
Target	众筹项目目标融资金额
Duration	众筹项目的融资天数
Comments	众筹项目的评论次数
Updates	众筹项目的更新次数
SocialAttribute	融资者的社交属性
DescriptionLength	众筹项目描述文本长度
Video	众筹项目是否有视频介绍
Help	项目描述中的帮助语言特征
Gratitude	项目描述中的感谢语言特征
Reward	项目描述中的回报语言特征
Constraint	项目描述中的限制语言特征
Relation	项目描述中的关系语言特征

5.5　实验结果和结果讨论

5.5.1　实验结果

我们对变量进行相关性分析，如表 5.5 所示。所有变量之间的相关系数均低于 0.7（Anderson et al.，1990），表明变量之间相关性较低。同时，VIF 均小于 10（Marquardt and Snee，1975），表明变量存在共线性的可能性很小。

表 5.5　变量相关性分析

变量	Target	Duration	Comments	Updates	Social Attribute	Description Length	Video	Help	Gratitude	Reward	Constraint	Relation
Target	1											
Duration	0.019**	1										
Comments	−0.001	−0.011*	1									
Updates	−0.006	−0.028**	0.312**	1								
Social Attribute	−0.002	−0.010*	0.344**	0.223**	1							
Description Length	−0.005	0.002	0.123**	0.314**	0.139**	1						
Video	−0.006	−0.031**	0.053**	0.195**	0.084**	0.329**	1					
Help	−0.009	−0.014**	−0.028**	−0.082**	−0.036**	−0.233**	−0.130**	1				
Gratitude	−0.008	−0.016**	−0.011*	−0.025**	−0.012**	−0.113**	−0.077**	0.188**	1			
Reward	−0.006	−0.025**	−0.009	−0.022**	−0.008	−0.044**	−0.046**	0.073**	0.037**	1		
Constraint	−0.002	−0.009*	0.000	0.011*	0.004	0.019**	0.007	−0.013**	0.001	0.016**	1	
Relation	−0.004	−0.017**	−0.011*	−0.019**	−0.010*	−0.052**	−0.010*	0.117**	0.015**	0.102**	0.003	1
VIF	1.001	1.003	1.216	1.239	1.16	1.267	1.141	1.106	1.045	1.017	1.001	1.024

$*p<0.05$，$**p<0.01$。

表 5.6 给出了控制变量的效应分析结果，评论次数、更新次数、发起人好友数量、描述长度、视频介绍与融资成功率显著正相关，融资时长和融资成功率显著负相关，融资目标和融资成功率没有显著的相关性。

表 5.6　控制变量的回归结果

变量	平均值（标准差）	最小值	最大值	相关系数
Target	1 382 289.242（$4.47×10^7$）	0	$2×10^9$	−0.003
Duration	44.108（16.599 0）	1.0	60	−0.038***

续表

变量	平均值（标准差）	最小值	最大值	相关系数
Comments	7.327（69.326 4）	0	8 497	0.330***
Updates	1.106（4.050 2）	0	138	0.170***
SocialAttribute	157.024（1 432.018 5）	0	202 850	0.089***
DescriptionLength	4 266.212（5 322.362 1）	0	71 107	0.098***
Video	0.426（0.494 4）	0	1	0.052***

*** $p < 0.001$。

首先，评论次数、更新次数都对融资结果产生正面的影响。在融资阶段，融资者通过平台向投资者发布项目进展信息，而没有提供更新信息的项目成功率远低于提供更新信息的项目（Xu et al.，2014）。因为更新信息可以让投资者感受到项目在推进之中，从而增加对项目的信任感，所以项目进度的更新内容可以显著影响融资成功率。因此，为了让投资者全面了解项目信息，融资者应尽可能发布项目的更新信息。除了项目更新信息以外，项目评论对融资成功率也有影响。项目评论来自投资者的项目询问、反馈和评价，或是投融资双方的交互信息。项目评论的数量和情感都会对融资结果产生影响（Wang et al.，2018a）。这是因为项目评论不但表现出投资者对项目的关心程度，也表明了项目受到其他投资者关注的程度。

其次，社交属性是融资者的关系网络，本书以发起人的 Facebook 好友数来量化社交属性。结果表明，发起人拥有更多的好友可以提高众筹项目的融资成功率。Martens 等（2007）发现项目初期所获得的投资者数量取决于发起人的社会资本。另外，Agrawal 等（2015）对众筹平台上的投资者地理位置进行分析，发现早期投资者通常与融资者居住地较近，这表明融资初期的投资者主要来源于现实生活中的关系网络。可以看出，融资者的社会资源对融资成功率有一定影响。

再次，除了文本介绍以外，视频介绍也是展示项目的一种有效手段，提供视频介绍的项目更容易获得投资。除了视频以外，融资时长对融资成功率有负面的影响。然而，学术界对于融资时长和融资结果的关系并没有达成共识。Ceyhan 等（2011）发现，融资时间跨度越长，越不利于项目融资成功。Kuppuswamy 和 Bayus（2013）认为，融资过程中的中期阶段过长，会对融资冲刺阶段的融资效果产生负面影响。此外，融资时间设置较长，虽然拉长了项目的融资周期，但也会导致疲惫期等不良效应，从而对融资结果产生负面影响。这一结果也验证了之前学者的研究结论，即融资时间跨度不宜过长。

最后，描述长度和融资成功率呈现正相关关系。Aprilia 和 Wibowo（2017）认为，项目描述的长度和词汇量对融资成功率有正面影响。但是，也有学者持不同意见。Greenberg 和 Mollick（2017）分析了项目描述的文本长度及可读性对融资成功率的影响，结果表明文本长度过长的项目描述会导致可读性降低，最终降低项目的融资成功率。综合我们的结果，我们建议适当增加项目描述的长度，以提高项目的融资成功率。

表 5.7 展示了投资动机的回归结果。可以看出，不同的投资动机与各类项目的融资成功率存在一定的相关性。

表 5.7　投资动机的回归结果

类别	相关系数（R^2）	帮助	感谢	回报	限制	关系
社会类项目	0.12	−0.007	0.046***	−0.040***	−0.001	0.035**
创意类项目	0.10	0.014	0.047***	−0.001	0.061***	0.025*
技术创新类项目	0.11	−0.006	0.031**	0.047***	−0.018	0.004

*$p<0.05$，** $p<0.01$，*** $p<0.001$。

5.5.2　结果讨论

在创意类和社会类的项目中，关系类词汇和融资成功率存在相关性，这说明投资者希望与融资者建立一定的关系。根据自我决定理论，渴望社交行为和扩大社交范围都是满足个人的关系需求（Deci and Ryan，2000）。现有研究发现，构建社交关系是投资者参与众筹项目的原因之一（Gerber and Hui，2013；Cholakova and Clarysse，2015）。这类社交关系不仅让投资者更好地了解融资者及项目，还让他们参与相关的热点讨论，并结识更多的志同道合之人。

首先，对于社会类项目而言，投资者都是热衷于项目背后的团队。例如，在环境保护项目中，发起人通常会参加或创建相关的环保协会；在当地社区项目中，参与当地足球队建设的人可能喜欢与队员交流，分享最新的信息并建立球迷会。其次，创意类项目通常是指艺术和媒体类的活动，这类项目的投资者也会表现出与社会类项目投资者相同的关系需求。例如，许多歌手都自带一定规模的粉丝群体，粉丝与歌手之间形成一定的关系，并以这种关系而自豪。当歌手发起众筹项目时，参与这类项目的投资者更容易成为他们的粉丝，并愿意和他们建立联系。最后，与前面两类项目不同，我们没有发现技术创新类项目的融资成功率和关系类的词汇存在相关性。因此，技术创新类项目投资者并不期望建立社交关系。

感谢类的词汇在所有类型的项目中都对融资成功率产生影响。结果表明，所有类型项目的投资者都希望看到感谢类的信息。从自我决定理论来看，通过助人为乐获得成就感也是满足个人内部动机的一种方式。理论上，这类词汇可以满足投资者的能力需求，从而激发个人的内部动机（Deci and Ryan，2000）。当投资者看到感谢类词汇时，会感受到自己能够完成他人无法完成的任务，并实现自我成就感。这种成就感会让投资者感受到自己的能力得到体现，进而为了满足能力需求而触发内部动机，最终产生投资行为。相反，我们没有发现帮助类词汇与融资成功率之间的关系。尽管很多项目都在强调需要帮助，但是在项目描述文本中请求帮助并没有给融资成功率带来影响。结果表明，所有类别项目的投资者都存在能力需求。但是，相对于请求帮助，投资者更希望通过收到感谢来满足自己的能力需求。

限制类词汇与融资成功率在创意类项目中存在相关性。创意类项目展示了一种自由创造的生活方式，参与影视节目的投资者希望获得更多的空间去创造和想象。根据自我决定理论，个体存在满足自主性决定的内部动机（Deci and Ryan，2000）。然而，限制类词汇会降低投资者的自主性，进而降低投资者触发内部动机的可能。但是，从研究结果上看，限制类词汇不但没有降低反而增强了投资者的投资意愿。这可能是因为限制类词汇虽然降低了自主性，同时也会增强项目的紧缺性。另外，技术创新类项目也会体现出创意和创新性的想法，参与这类项目的投资者本来也会希望改变生活的方式和减少生活的约束，但是我们并没有发现限制类词汇对这类项目的投资者产生任何影响。

回报类词汇只在技术创新类项目中与融资成功率正相关，而在其他两类项目中，均没有产生正面影响。这个结果与我们的直觉有所不同。通常，投资者参与众筹项目是为了获得回报，但从结果上看，增加对回报的描述只能在技术创新类项目中激发投资者的投资动机。同时，我们还发现回报类描述在社会类项目中与融资成功率存在负相关性，这说明社会类项目的投资者并不希望看到强调回报类的描述。这一结论是可以理解的，因为社会类项目存在一定的公益性，过于强调回报可能会造成投资者的不信任感。另外，公益性项目的投资者并没有强烈的回报要求，强调回报并不能触动投资者的投资行为。例如，动物保护类项目旨在保护脆弱的动物或者建立动物保护协会，参与这类项目的投资者更多是因为喜爱动物。如果融资者过于强调项目回报，反而容易引起投资者的反感。换言之，过于强调回报有可能会让投资者对项目资金的使用目的产生怀疑。结果表明，在技术创新类项目中强调回报类词汇，而在社会类项目中弱化回报类词汇是一种明智的做法。

在鲁棒性检验中，本书以融资达到预设目标的项目在所有项目中的比例作为融资成功率，并以融资成功率作为因变量对控制变量和自变量进行分析，表 5.8 和表 5.9 展示了分析结果。表 5.8 给出了控制变量对融资成功率的影响结果。可以看出，融资时长、评论次数、更新次数、发起人好友数量、描述长度、视频介绍这 6 个控制变量与融资成功率有显著相关性，与之前模型的分析结果保持一致。表 5.9 给出了投资动机对融资成功率的影响结果，可以看出，与之前模型的分析结果也基本一致。

表 5.8　控制变量影响的鲁棒性检验结果

变量	平均值（标准差）	最小值	最大值	相关系数
Target	1 382 289.242（$4.47×10^7$）	0	$2.0×10^9$	−0.009
Duration	44.108（16.599 0）	1.0	60	−0.136***
Comments	7.327（69.326 4）	0	8 497	0.117***
Updates	1.106（4.050 2）	0	138	0.270***
SocialAttribute	157.024（1 432.018 5）	0	202 850	0.123***
DescriptionLength	4 266.212（5 322.362 1）	0	71 107	0.155***
Video	0.426（0.494 4）	0	1	0.151***

*** $p < 0.001$。

表 5.9　投资动机影响的鲁棒性检验结果

类别	相关系数（R^2）	帮助	感谢	回报	限制	关系
社会类项目	0.08	0.005	0.050***	−0.046***	−0.004	0.021*
创意类项目	0.07	0.004	0.050***	−0.008	0.010	0.006
技术创新类项目	0.07	−0.003	0.037**	0.039*	−0.004	−0.005

* $p < 0.05$，** $p < 0.01$，*** $p < 0.001$。

　　表 5.10 列出了假设检验的结果。结果表明，突出感谢的文字描述对投资行为产生正面影响；技术创新类项目中突出回报和折扣的文字描述对投资行为产生正面影响；社会类和创意类项目中，突出关系建立对投资行为产生正面影响；突出限制的文字描述不会对投资行为产生负面影响；突出帮助的文字描述没有对投资行为产生正面影响。

表 5.10　假设检验结果汇总

假设	结果
H5.1　突出回报和折扣的文字描述会激发投资者的投资动机，进而对投资行为产生正面影响	部分支持
H5.2a　突出感谢的文字描述会激发投资者的投资动机，进而对投资行为产生正面影响	支持
H5.2b　突出帮助的文字描述会激发投资者的投资动机，进而对投资行为产生正面影响	不支持
H5.3　突出关系建立的文字描述会激发投资者的投资动机，进而对投资行为产生正面影响	部分支持
H5.4　突出限制的文字描述会激发投资者的投资动机，进而对投资行为产生负面影响	不支持

5.6　理论贡献和管理启示

5.6.1　理论贡献

首先，本章基于动机理论对项目描述与投资行为之间的关系展开实证分析。以往的研究存在一定的缺口。一方面，对众筹动机的研究大多采用问卷调查方式（Schwienbacher and Larralde，2010；Gerber and Hui，2013；Cholakova and Clarysse，2015；Steigenberger，2017；Zvilichovsky et al.，2018；Cox et al.，2018），而采用文本分析探究投资动机的研究相对较少（Allison et al.，2015）。另一方面，以往的研究主要是从修辞手法（Wang et al.，2014；Parhankangas and Renko，2017）、情感方向（Wang et al.，2017a）、主题方向（Mitra and Gilbert，2014）等维度入手，考虑到动机因素还有待深入探究，因此，将投资动机和项目描述相结合，有助于探究项目内容对融资结果的影响机理。具体来说，项目描述影响融资结果的机制是通过刺激投资动机来实现的。例如，项目发起人强调项目回报来完成融资，实际上是通过刺激投资者的外部动机来促进投资。因此，考虑到动机研究和项目描述存在交互作用，本章将项目描述和动机理论相结合，探究项目描述对投资者投资动机的影响，为众筹动机研究提供了理论参考。

其次，本章提出了一个系统化的众筹动机研究框架，这对于理解众筹市场中投资者投资动机的作用机理具有重要意义。现有的研究有基于投资者的研究，也有针对融资结果的研究（Schwienbacher and Larralde，2010；Allison et al.，2015；Cholakova and Clarysse，2015；Jian and Shin，2015；Greenberg and Mollick，2017；Planells，2017；Steigenberger，2017；Cox et al.，2018；Zvilichovsky et al.，2018），但是并没有将投资者和众筹项目因素结合进行分析。本章将投资者和众筹项目结合，首先分析投资动机和投资行为的关系，然后探究众筹项目对投资动机的影响，以及该动机如何最终影响项目的融资结果。因此，本章为众筹动机提供了一个系统化的研究框架，有助于全面理解投资动机在众筹市场中的作用机理。

5.6.2　管理启示

首先，对投资行为表示感谢在任何类型的项目中都是值得推荐的做法。无论是社会类、创意类还是技术创新类项目，感谢投资者的内容都能通过内部动机的刺激增加投资者的投资行为。尽管有些项目发起人认为强调回报才是吸引投资者的最大驱动力，而对投资者的感谢对融资结果没有实质性的贡献，但是研究结果表明，表达感谢是增加投资者投资意愿的有效方法，对投资者表达感激之情的众筹项目更容易达到融资目标。因此，众筹平台应该引导发起人增加感谢投资者的内容，在项目页面或者投资流程中显示对投资者的感谢，以提升整个平台的融资成功率。同时，无论何种类型的项目，在项目描述中加入对投资者的感谢也是必不可少的。相反地，强调需要投资者的帮助并不会对所有类型的项目产生显著的影响，因为投资者并不是特别在意是否需要帮助。尽管融资者在表达感谢的同时，也期望投资者能够提供帮助，但是研究结果表明，项目描述中寻求帮助的内容不能吸引投资者的眼球。因此，众筹平台应该引导融资者减少这样的信息，同时在项目介绍中也应该避免这些内容的出现。

其次，强调关系的文本内容对社会类和创意类项目的融资结果产生影响。投资者参与众筹项目的过程中，除了投资金钱外，也希望和融资者或其他投资者建立起更多的关系，并由此促进更多的互动，或者收到其他投资者的消息。例如，参与音乐类项目的投资者，希望和音乐人有更多的互动、关心音乐人后期的活动等。和强调关系的内容不同的是，强调限制类的内容只会对创意类项目产生影响，而在社会类项目中却不存在这种情况，这说明参与社会类项目的投资者并不期望看到任何对他们的限制。因此，对于社会类和创意类的众筹项目，我们建议众筹平台可以引导融资者提供官方沟通群或粉丝群，或者在项目页面上提供与其他投资者交互的方式；同时，融资者也可以考虑在项目中增加建立联系的内容来增加投资者的期望。

最后，强调回报的文本内容只对技术创新类项目的融资结果产生正面影响。在众筹市场里，投资回报也是投资者追求的主要目的。虽然在前文中已经验证外部动机是投资者的主要动机之一，但是本章也发现，在众筹项目中强调回报并不一定会提升融资成功率。融资者通常喜欢在项目介绍中突出投资回报，本章发现突出回报的描述在社会类和创意类项目中并不能显著增加投资意愿，只在技术创新类项目中可以显著增加投资者的投资意愿。相反，在社会类项目中，过多描述投资回报反而容易引起投资者的反感，进而怀疑发起人的融资目的。综合前文的研究，本章认为众筹市场可以在广告推广中通过回报的方式吸引投资者的外部动机，但在众筹项目的引导上不需要过多强调回报。众筹平台可以引导融资者在技术创新类项目中突出物质回报以吸引投资者，同时在社会类项目中尽量减少物质回报的描述。

第6章　自我和他人导向动机对投资行为的影响：基于投资者自述的分析

6.1　自我和他人导向动机介绍

第 5 章探究了不同的投资动机对投资行为的影响。除此之外，投资行为还存在动机导向的区别。导向通常被称作"第一念头"，指的是在满足个人需求的时候考虑问题的出发点。同样的投资动机可能对应着不同的心理导向。以帮助他人为例，虽然是通过触发个人内部动机来实现的，但是投资者考虑问题的出发点可能会不同。有些投资者以自我为中心，只考虑个人得失，通过炫耀自身的能力和资金来满足自己内部动机的需求。而另一些投资者在帮助别人时则以他人为中心，考虑他人能否渡过难关，以此间接完成个人价值实现和个人内部动机的满足。

研究表明，众筹项目本身是投资者关注的焦点。但是，也有学者认为，参与众筹项目实际上是支持项目的发起人（Marom and Sade，2013）。支持项目背后的融资者通常是基于信任感建立的，即投资者相信具有某些特质的融资者。这种信任感同样也来自融资者对个人信息的披露，如城市、职业、学历等因素，这些因素将影响投资者对该项目的信心（Mollick，2014）。然而，这些研究并没有考虑投资者的决策是否从自身出发（自我导向）来满足个人需求，还是以他人导向去成全别人的梦想。

本书将从投资者自我描述入手，探究自我和他人导向动机对投资行为的影响，同时探究不同投资导向下用户的社交行为是否有差异。

6.2　自我和他人导向的理论基础

利他主义是指某人为了他人的利益而牺牲自我，而非追求个人的自我提升或内在的幸福感（Post，2002）。从动机的角度看，利他主义是一个人特质的表现（Hoffman，1981），利他动机通常是由人们假设自己在相同情境中所感受到的共情、同情或怜悯引发的。第 5 章曾提到自我决定理论，该理论讨论产生动机的源头是什么，而利他主义着眼于产生动机的导向是什么。同样是帮助他人，自我决定理论认为，帮助他人是为了满足自我竞争需求，而利他主义认为，这种行为是以他人为中心的他人导向，而不是以自我为中心的自我导向。基于自我导向的行为也被称为利己主义。学者认为，利他或者利己主义导向是个人的一种特质，还可能与人的社会地位有关（Kacewicz et al.，2014）。研究表明，社会地位较高的人群更容易产生利他主义。

利他主义和自我导向的研究被应用于诸多行业。基于理性经济人理论，Persky（1995）认为，投资者为了实现财富最大化，必须以自我为中心并做出理性决策。然而，也有学者持不同观点。例如，Nair 和 Ladha（2014）认为投资者也存在他人导向。这类研究可分为两个方向：一是投资者肩负社会道德与责任，他们会以他人导向去考虑社会效应和社会贡献；二是即使是追求财富最大化，也可以通过实现团队利益最大化来实现自我利益最大化。Chiu（2009）通过对企业股东的研究，也反驳了普通小股东在股票购买决策中最关心的是财富最大化这一说法。他分析了小股东的个人价值观和对企业社会责任的态度，并得出投资决策中存在他人导向因素的结论。在众筹领域，学者也研究了投资者的自我导向和他人导向。Lukkarinen 等（2019）通过对众筹流程的梳理和框架研究，提出了投资者存在不同动机和导向的观点。Ryu 和 Kim（2018）对融资者的动机导向进行研究，并将融资者分为社会创业者、资金寻找者、独立制造者和大胆梦想家四类，研究了不同类型融资者的项目成功率。

6.3　自我和他人导向动机对融资结果影响的基本假设

在众筹市场中，投资者参与投资的原因是多样的，包括获得回报、帮助他人、加入社交圈以及参与创造过程让项目实现等（Schwienbacher and Larralde，2010；Allison et al.，2015；Cholakova and Clarysse，2015；Jian and Shin，2015；Greenberg and Mollick，2017；Planells，2017；Steigenberger，2017；Zvilichovsky et al.，2018）。依据动机理论，我们可以将上述原因归纳为内部动机和外部动机。但是，这种方式不足以体现投资者的动机导向。例如，自我决定理论只考虑了产生动机的需求是什么，但是并没有区分动机的导向。学者们基于动机导向分析了动机在不同导向下的表现，并建立了研究框架去分析导向和动机本身的关系（Brüggen et al.，2011）。以帮助他人为例，自我决定理论认为，这是为了满足投资者的竞争需求（Deci and Ryan，1985），但是满足竞争需求的导向又可以分为两种：一种是自我导向，以对自己直接的满足为目的，如期待受助者直接对自己的能力进行夸奖和感谢；一种是他人导向，以帮助他人为目的进而间接满足内在需求，如期待受助者展示其自身的改善并表示感谢。为此，Lukkarinen 等（2019）基于众筹项目的特点研究了投资者的不同动机导向，并指出分析这些动机导向将有助于了解投资者的投资动机。

从经济学角度，追求财富最大化是一种得到广泛认同的观点。在传统金融投资领域中，自我导向被认为是追求利润最大化的主要动机导向。虽然与传统金融投资相比，众筹的性质有所不同，但结合前人的研究来看，在众筹行为中，自我导向同样可能是一种动机导向。首先，投资者希望通过回报来获取利益，这反映了自我导向的特点，因为获得回报更多关心自我得到了什么。正如 Persky（1995）所述，寻求回报的理性投资者是自我导向的。其次，参与众筹的其他原因也可能体现为自我导向。帮助别人虽然是一种以他人利益为中心的行为，但如果投资者期望受助者对自己的能力予以赞扬和感激，那么这也是一种自我导向的动机。同样地，期望建立关系和拓展社交圈也可视为一种以自我的关系实现为目标的自我导向。因此，本书提出以下假设。

H6.1　更强的自我导向对众筹投资者的投资行为有正面的影响。

尽管自我导向的投资动机已被金融行业广泛接受，但还有学者对此持不完全认同的观点（Nair and Ladha，2014）。他们认为，投资者仍然存在以他人为导向的投资动机。这种他人导向的动机主要有两个方面。一方面，部分投资者的动机导向也考虑了社会道德或社会责任等因素，更注重实现社会效应和社会贡献。另一方面，即使投资者以财富最大化为目的，也仍然存在他人导向，即先实现团队和群体利益最大化，而最终在团队利益最大化的情况下实现个人利益最大化。

他人导向是利他主义的主要表现，同样会存在于众筹投资领域。首先，针对非回报类项目的众筹行为被视为以帮助他人实现目标为中心的他人导向行为。例如，以助人为乐的目的帮助他人实现目标，期待受助者通过展示改善的结果而感到欣慰；而基于他人导向的关系建立是为了建立关系后持续关注他人的发展。其次，针对回报类项目的众筹行为也可以视为他人导向。正如 Nair 和 Ladha（2014）的研究所指出，财富最大化的他人导向可以是团队利益最大化。为了最大化回报，众筹项目的投资者会考虑融资者的目标实现，最终在融资者项目利益最大的情况下实现自我利益最大化。因此，本书提出如下假设。

H6.2　更强的他人导向对众筹投资者的投资行为有正面的影响。

自我导向和他人导向的重要性也存在争议。Brüggen 等（2011）认为，他人导向的参与者在线上活动中表现更积极，这支持了 Nair 和 Ladha（2014）关于他人导向参与者的研究。值得注意的是，Brüggen 等（2011）的研究是针对所有在线参与行为的，并不仅仅是众筹投资。相反，Zhang 等（2019）的研究发现，自我导向的投资者会对投资行为产生更积极的影响。可见，虽然在互联网行业中，他人导向的参与者具有更强的参与表现，但是在众筹领域，自我导向的投资者会有更强的投资表现。因此，本书做出如下假设。

H6.3　自我导向比他人导向对众筹投资者的投资行为影响更大。

除了提供投资机会，众筹平台还具备社交功能。在投资过程中，投资者还会结识志同道合之人，并组成投资团队。投资团队会对成员产生一定的影响，同时参与社群的投资者也具有一定的群体特性。Batson 等（2002）将社群活动的导向分为四类，除了利己和利他，还增加了集体导向和原则导向。集体导向指投资者从团队的利益出发，是利他主义的一种集体泛化。而原则导向则强调投资者追求客观和原则性。Batson 等（2002）认为，利他主义对团队的影响最大，这一结论也得到了其他学者的支持。Korsgaard 等（1997）认为，自我导向的投资者不愿意参与和分享社群活动，而他人导向的投资者是社群内积极的参与者。同样，Stukas 等（2015）也强调了他人导向对社区行为的重要性。因此，可以认为投资团队中的投资者具有更强的他人导向，而他人导向的投资者更愿意在投资团队中做出贡献。因此，本书提出如下假设。

H6.4　有更强的他人导向的投资团队相比其他投资团队有更强的投资意愿。

本章的理论研究模型如图 6.1 所示。

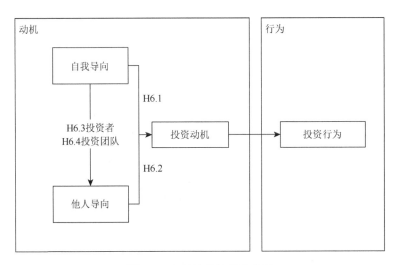

图 6.1　本章的理论研究模型

6.4　研究方法和研究模型

6.4.1　研究数据

本章的研究数据来自 Kiva 平台，该数据已被多个研究采用（Anderson and

Saxton，2016)。Kiva平台不仅提供众筹项目的描述信息，还展现了投资者和投资团队自己填写的投资原因、注册时间和投资项目等信息，这些信息反映出投资者的投资导向。Kiva平台为每一个投资者或投资团队都提供了独立的页面来展示各自的信息。其中，投资者个人页面中包含了投资者的个人投资原因、工作等信息，用来展示个人特点；投资团队页面展示了团队的自我描述以及团队成员等信息，用来展示团队特点以及招募新成员。表6.1给出了投资者和投资团队自我描述的样例。

表6.1　投资者和投资团队自我描述的样例

文本内容	定义	举例（原英文，现译为中文）
投资者 自我描述	投资者个人信息中的自我描述信息	我希望帮助他人去改变生活。Kiva帮助人们建立和维持商业成功
投资团队 自我描述	投资团队信息中的自我描述信息	赋予我们力量，改变整个世界

我们从Kiva网站抓取了15 608个投资者和11 808个投资团队的数据。为了保证数据的准确性，剔除了非英语描述的用户和项目。数据汇总信息见表4.2。

6.4.2　文本特征表示

采用文本分析方法进行心理测量的做法越来越普遍。Tausczik和Pennebaker（2010）认为文本能够影响心理，他们采用基于词频统计的方法，验证了文本对心理状态的影响。Zhao等（2016）使用LIWC，对社交网络短文本进行自动化分析，并评估了LIWC对心理表达的有效性。

针对动机及动机导向的文本表示方法被诸多学者使用（Pennebaker et al.，2003；Rude et al.，2004；Barak and Gluck-Ofri，2007；Tausczik and Pennebaker，2010)，本书将使用文本内容来表示动机导向，并对动机导向进行量化分析。自我描述是投资者自我介绍的文本信息，是投资者对参与目的、愿景及自身条件等信息的描述文本，通常也隐含着投资者的心情和性格。自我描述中的投资原因通常包含投资者的动机导向。例如，投资者会在自我描述中表达希望自己的愿望得到满足或者希望他人的生活得到改善。相对于后期的问卷调查，投资者的自我描述能够提供准确反映用户当时状态的信息。

利他主义理论将动机导向分为自我导向和他人导向，这两类导向在文本表达方式上存在差异。使用人称代词是一种动机导向的表现（Rude et al.，2004)，当个体存在自我导向时，在文本表述时，会更多地使用第一人称代词以及主语，从自身出发强调自我感受、行为和状态；相反，当个体存在更多的他人导向时，在文本表述时会更多地考虑他人并使用第三人称的代词，强调他人感受、行为和状态。Barak 和 Gluck-Ofri（2007）将第一人称代词数量作为文本指标来判断用户的动机导向。Pennebaker 等（2003）采用语义分析方法，研究文本对心理因素的影响。研究表明，代词是自我和群体身份的标记，能够识别个体关注的是自己还是他人，并在此基础上洞察个体的自我导向和他人导向。

借鉴已有研究（Pennebaker et al.，2003；Rude et al.，2004；Barak and Gluck-Ofri，2007），我们使用依存句法分析技术构建文本结构，并通过语义分析标注词语，最后根据文本中的代词判断用户的动机导向。依存句法分析技术能够分析语句单位内成分之间的依存关系，把句子中的动词作为核心词，并通过各种依存关系来支配其他词。Pennebaker 等（2003）认为，如果作者以第一人称为主语，描述以自己为主语中心的行为，表示作者有较强的自我导向；如果作者以其他人称为主语，描述以他人为主语中心的行为，表示作者有较强的他人导向。

Spacy 是一款基于 Python 的语言处理包，在句法分析方面的准确率超过 80%（Choi et al.，2015）。我们基于 Spacy 构建句法树，提取其中主语或谓词的施动方，并计算主语的代词类型，最后统计词频。通常情况下，投资者会使用自己的姓名或投资团队的名称来称谓自己。为此，本章将第一人称或作者姓名作为自我导向的评判标准。相应地，投资者通常会使用第三人称来称谓他人，或者以第二人称对话的形式来表达他人。为此，我们将第二人称和第三人称作为他人导向的评判标准。表 6.2 展示了基于动机导向的文本特征描述。

表 6.2　基于动机导向的文本特征描述

统计指标	指标说明	指标示例	句示例
第一人称/作者姓名	作者以第一人称或者自己的姓名来称谓自己	我，我们	我们帮助他人
第二人称/第三人称	作者以第二人称或者第三人称来称谓他人	他，她 它，你	他人希望我们的帮助； 如果你有问题，请让我们知道

动机导向的文本特征处理步骤如下。

（1）文本预处理，建立处理后的词表。去除多余的空格以及无意义的字符；通过小写转换，将词语转为小写字母；去除标点符号，将文本转化成语句集合；通过词根提取，将过去式、过去分词、现在分词、完成时等时态和复数还原为词的原始形态；输出预处理后的文本词库。

（2）生成结构化句法树。采用依存句法分析技术将语句解析成依存句法树，并将其输出成句法树集合。

（3）提取动机导向的文本特征。基于语义分析标注句法树内的词语，抽取动机导向的词语，并统计动机导向出现的次数。

如第 4 章方法所述，依据已有方法（Marom and Sade，2013；Duarte et al.，2012），我们对文本进行人工标注，文本特征的生成框架如图 6.2 所示。

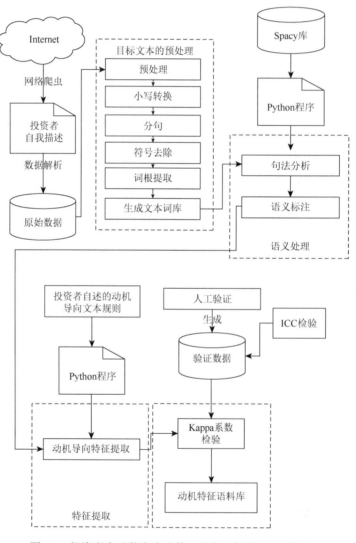

图 6.2　投资者自述的自我和他人导向动机特征生成框架

6.4.3　研究模型

采用回归模型，探究投资者的动机导向对投资结果的影响：

$$\text{FundingBehaviour} = \alpha + \sum O_i \beta + \sum Z_j \gamma + \varepsilon \qquad (6.1)$$

式中，因变量 FundingBehavior 表示投资者或投资团队的众筹行为，采用每个投资者或投资团队参与的众筹项目数来衡量，投资项目越多，则投资动机越强；O_i 代表投资者或投资团队的动机导向，分别用 Self_Oriented 和 Other_Oriented 表示；Z_j 为控制变量集合；β 和 γ 分别为投资动机向量和控制变量的系数；ε 为随机扰动项，其中 $\varepsilon \sim N(0, \delta^2)$。

LIWC 是一个基于心理学词频计数的文本分析词库，通过统计文本中分类关键词的词频来评估文本的情绪特征（Pennebaker et al.，2003）。

根据以往的研究（Agrawal et al.，2015；Conti et al.，2013；Mollick，2014；Aprilia and Wibowo，2017；Bernard and Gazel，2017；Zheng et al.，2017；Barbi and Bigelli，2017；Wang et al.，2017a；Roma et al.，2017；Kunz et al.，2017；Dey et al.，2017；Kuppuswamy and Bayus，2017），在投资者分析模型中，我们考虑以下四类控制变量。首先，考虑自我描述长度（NarrativeLength）作为控制变量，以控制描述长度带来的影响。其次，考虑到投资者在平台上的时长会导致投资行为的增加，因此将投资者自注册日起的天数（FundingDuration）作为控制变量。再次，考虑到投资者的背景对投资行为带来的影响，因此将投资者是否有工作（Occupation）（1 代表有，0 代表没有）和投资者是否提供地理位置（Location）（1 代表有，0 代表没有）加入控制变量。最后，投资者的社交属性也会影响到投资行为，因此增加投资者是否被好友邀请（Invited）（1 代表是，0 代表不是）和投资者邀请好友的数量（Invitee）进入控制变量。

与投资者分析模型类似，在投资团队分析模型中，我们考虑以下四类控制变量。首先，以自我描述长度（NarrativeLength）作为控制变量，控制描述长度带来的影响。其次，考虑到投资团队在平台上的时长会影响投资行为，因此将投资团队自创建到现在的时间（TeamDuration）作为控制变量。再次，考虑到团队规模也会影响投资行为，因此将投资团队的成员数量（Team size）加入控制变量。最后，考虑到团队的成员范围会影响到投资行为，不同成员范围会导致成员的区别和投资动机的区别，再增加以下三个变量：投资团队是不是在网站外独立存在的组织（Extensibility）（1 代表是独立组织，0 代表非独立组织）；是不是私密团队（Privacy）（1 代表私密团队，0 代表公开团队）；投资团队是否接受所有地域的成员（Global）（1 代表是，0 代表不是）。表 6.3 和表 6.4 分别给出了变量定义描述和变量描述统计。

表 6.3　变量定义描述

变量	定义
	投资者
FundingBehavior	投资者参与的众筹项目数量
Self_Oriented	投资者自我描述中的自我导向特征
Other_Oriented	投资者自我描述中的他人导向特征
NarrativeLength	投资者自我描述文本长度
FundingDuration	投资者自注册日起的天数
Occupation	投资者是否具有工作
Location	投资者是否提供位置
Invited	投资者是否被好友邀请
Invitee	投资者邀请其他好友进入平台的数量
	投资团队
FundingBehavior	投资团队参与的众筹项目数量
Self_Oriented	投资团队自我描述中的自我导向特征
Other_Oriented	投资团队自我描述中的他人导向特征
NarrativeLength	投资团队自我描述文本长度
TeamDuration	投资团队组建时间的天数
Team size	投资团队的团队人数
Extensibility	投资团队是不是在网站外独立存在的组织
Privacy	投资团队是不是私密团队或对所有人开放
Global	投资团队是否接受所有地域的成员

表 6.4　变量描述统计

变量	最小值	最大值	平均值	标准差
		投资者		
FundingBehavior	0	54 791	129.82	804.71
Self_Oriented	0	0.363	0.036	0.056
Other_Oriented	0	0.811	0.34	0.065
NarrativeLength	1	809	23.69	25.638
FundingDuration	15	4 507	3 061.78	917.92
Occupation	0	1	0.803	0.40
Location	0	1	0.76	0.43
Invited	0	1	0.21	0.41
Invitee	0	381	1.21	4.73

续表

变量	最小值	最大值	平均值	标准差
		投资团队		
FundingBehavior	0	1 208 189	1 004.07	15 870.05
Self_Oriented	0	0.174	0.026	0.037
Other_Oriented	0	1.15	0.023	0.059
NarrativeLength	0	15 770	30.58	153.25
TeamDuration	567	3 933	2 757.92	949.1
Team size	1	991	67.57	1 928.8
Extensibility	0	1	0.388	0.49
Privacy	0	1	0.25	0.44
Global	0	1	0.20	0.40

6.5　实验结果和结果讨论

6.5.1　实验结果

表 6.5 和表 6.6 分别给出了投资者和投资团队的所有变量的相关性分析和多重共线性分析。从中可以看出，所有变量之间的相关性都远低于 0.7（Anderson et al.，1990），且多重共线性指标远低于 10（Marquardt and Snee，1975），表明变量的相关性和多重共线性的问题在可接受的范围内。

表 6.5　投资者模型的变量相关性分析

变量	Narrative Length	Location	Occupation	Invitee	Invited	Funding Duration	Self_ Oriented	Other_ Oriented
NarrativeLength	1							
Location	0.017*	1						
Occupation	0.043*	0.189**	1					
Invitee	0.022*	0.033**	0.021**	1				
Invited	−0.034*	−0.081**	−0.021**	0.012	1			
FundingDuration	0.055*	0.254**	0.248**	0.060**	−0.145**	1		
Self_Oriented	−0.268*	−0.018*	−0.045**	0.002	0.017*	−0.040**	1	
Other_Oriented	−0.062*	0.000	−0.014	0.001	0.001	0.021**	−0.178**	1
VIF	2.223	1.092	1.088	1.005	1.026	1.144	1.643	1.481

$*p<0.05$，$**p<0.01$。

表 6.6　投资团队模型的变量相关性分析

变量	Team size	Team Duration	Narrative Length	Privacy	Extensibility	Global	Self_Oriented	Other_Oriented
Team size	1							
TeamDuration	−0.001	1						
NarrativeLength	0.011	−0.005	1					
Privacy	−0.016	−0.113**	−0.005	1				
Extensibility	0.019*	0.043**	0.019*	−0.149**	1			
Global	0.025**	−0.015	0.037**	−0.097**	−0.059**	1		
Self_Oriented	−0.012	0.006	−0.082**	0.094**	−0.092**	−0.029**	1	
Other_Oriented	0.001	0.024*	0.004	−0.001	−0.033**	0.021*	−0.151**	1
VIF	1.002	1.015	1.033	1.049	1.031	1.019	1.064	1.078

* $p<0.05$，** $p<0.01$。

因变量均是连续型变量，所以使用线性回归模型来检验假设，表 6.7 和表 6.8 分别给出了投资者和投资团队的回归模型结果。

表 6.7　投资者投资导向的回归结果

数据类型	模型 1：控制变量		模型 2：所有变量	
	系数	显著性	系数	显著性
控制变量				
NarrativeLength	0.236***	0.000	0.204***	0.000
Location	0.009	0.270	0.008	0.305
Occupation	−0.020*	0.014	−0.023*	0.021
Invitee	0.121***	0.000	0.121***	0.000
Invited	−0.017*	0.032	−0.019*	0.037
FundingDuration	0.024**	0.005	0.020**	0.003
自变量				
Self_Oriented			0.084***	0.000
Other_Oriented			0.030**	0.002
Model R^2	0.119		0.131	
Δ R^2	—		0.011***	
Model df	6		8	
Residual df	15 600		15 598	
N	15 606		15 606	

* $p<0.05$，** $p<0.01$，*** $p<0.001$。

表 6.8　投资团队投资导向的回归结果

数据类型	模型 1：控制变量		模型 2：所有变量	
	系数	显著性	系数	显著性
控制变量				
Team size	0.524***	0.000	0.521***	0.000
TeamDuration	0.048***	0.000	0.047***	0.000
NarrativeLength	0.006	0.423	0.003	0.694
Privacy	−0.003	0.700	−0.002	0.762
Extensibility	0.023**	0.004	0.022**	0.005
Global	0.030***	0.000	0.030***	0.000
自变量				
Self_Oriented			0.013	0.110
Other_Oriented			0.020***	0.001
Model R^2	0.279		0.280	
ΔR^2	—		0.001***	
Model df	6		8	
Residual df	11 800		11 798	
N	11 806		11 806	

** $p<0.01$，*** $p<0.001$。

投资者模型的回归结果表明，自我导向的动机特征（0.084，$p=0.000$）和他人导向的动机特征（0.030，$p=0.002$）与投资行为均有正相关性。结果说明，无论突出自我导向还是他人导向的投资者都会对投资行为产生正面的影响，这个结果也和假设（H6.1、H6.2）相符合，同时自我导向对投资行为的影响也大于他人导向对投资行为的影响，这个结果也验证了假设 H6.3。

控制变量中，投资者的自我描述的长度（0.236，$p=0.000$）、投资者在众筹平台的时间（0.024，$p=0.005$）和邀请好友数量（0.121，$p=0.000$）对投资行为有正面影响，说明参与社交行为和更愿意在平台上花费时间的参与者对众筹的贡献也会更大（Aprilia and Wibowo，2017）。投资者是否有工作（−0.020，$p=0.014$）和是否被邀请（−0.017，$p=0.032$）对投资行为有负面影响，说明有工作背景的投资者的投资意愿较低。该结果说明正在工作或者有固定收入对于投资者的投资行为反而有负面作用，无固定收入的投资者表现出更强的投资倾向，如学生、老人等。同时，受邀而来的投资者的投资意愿会低于不请自来的投资者。主动参与者存在更强的投资意愿，而受邀而来者可能由于他人推荐而加入，所以投资意愿相对不强。投资者的地址信息（0.009，$p=0.270$）对投资行为没有影响。

投资团队模型的结果表明，投资团队的自我导向动机特征（0.013，$p = 0.110$）对投资行为无显著影响，而他人导向的动机特征（0.020，$p = 0.001$）对投资行为存在正面影响，投资团队的参与者并没有表现出更强的他人导向动机。投资团队和投资者在投资导向上存在明显的差异，该结果支持了假设 H6.4。

控制变量中，投资团队成员数量（0.524，$p = 0.000$）、团队组建时间（0.048，$p = 0.000$）、投资团队接受全球成员（0.030，$p = 0.000$）以及投资团队是不是独立组织（0.023，$p = 0.004$）对投资行为都有正面的影响。投资团队的人数和团队组建时间都会对团队参与投资人数和时间产生正面的影响，全球化的团队以及更加专业和独立的团队也会有更强的投资行为，这些结果符合预期。和投资者不一样的是，投资团队的自我描述长度（0.006，$p = 0.423$）对投资行为没有影响，投资团队花费更多时间在自我描述上并不会对整个团队的投资行为产生正面影响。在投资团队的背景和范围上，是不是私密团队（−0.003，$p = 0.700$）对投资行为也没有影响。研究还发现，投资团队和个人投资者在动机导向上存在差异。其中，个人投资者的自我导向和他人导向都有正面的影响，而且自我导向的影响更大；投资团队的自我导向对投资行为没有显著影响，只有他人导向对投资行为有正面影响。可见相对于投资者更偏向自我导向，投资团队中的投资者更偏向他人导向。

我们利用 Kiva 平台上 5830 个投资者信息和 6702 个投资团队信息，对模型进行鲁棒性检验。表 6.9 和表 6.10 分别给出了投资者模型和投资团队模型的鲁棒性检验结果。两个模型的鲁棒性检验结果和实验结果接近，验证了上述实验结论的稳定性。

表 6.9　投资者模型的鲁棒性检验结果

数据类型	模型 1：控制变量		模型 2：所有变量	
	系数	显著性	系数	显著性
控制变量				
NarrativeLength	0.346***	0.000	0.281***	0.000
Location	0.018	0.164	0.017	0.211
Occupation	−0.037**	0.004	−0.041**	0.009
Invitee	0.071	0.000	0.065***	0.000
Invited	−0.018	0.167	−0.017	0.171
FundingDuration	0.024	0.073	0.021	0.055
自变量				
Self_Oriented			0.111***	0.000
Other_Oriented			0.052***	0.001
Model R^2	0.123		0.138	

续表

数据类型	模型 1：控制变量		模型 2：所有变量	
	系数	显著性	系数	显著性
ΔR^2	—		0.015^{***}	
Model df	6		8	
Residual df	5822		5820	
N	5828		5828	

$**\, p<0.01$，$***\, p<0.001$。

表 6.10　投资团队模型的鲁棒性检验结果

数据类型	模型 1：控制变量		模型 2：所有变量	
	系数	显著性	系数	显著性
控制变量				
Team size	0.763^{***}	0.000	0.760^{***}	0.000
TeamDuration	0.020^{**}	0.009	0.020^{**}	0.003
NarrativeLength	0.014	0.072	0.015	0.051
Privacy	0.004	0.586	0.001	0.927
Extensibility	0.012	0.111	0.012	0.110
Global	0.024^{**}	0.002	0.020^{*}	0.005
自变量				
Self_Oriented			-0.005	0.465
Other_Oriented			0.017^{**}	0.003
Model R^2	0.605		0.606	
ΔR^2	—		0.001^{***}	
Model df	6		8	
Residual df	6694		6692	
N	6700		6700	

$*\, p<0.05$，$**\, p<0.01$，$***\, p<0.001$。

6.5.2　结果讨论

表 6.7 表明，Kiva 平台上的投资者的自我导向和他人导向对投资行为都存在正面的影响，而自我导向对投资动机的正面影响比他人导向更为显著。另外，与个人投资者不同的是，具有更强他人导向的投资团队相比其他投资团队有更强的投资意愿。

首先，自我导向的投资者和他人导向的投资者都对投资行为有正面影响。自我导向的投资者更多地从自己的角度出发考虑问题，期望直接满足自己的需求。例如，希望受助者直接对自己的能力进行夸奖和感谢。理性经济人理论（Persky，1995）认为，投资者通常是自我导向的，主要动机是追求利润最大化。本章的结果显示，虽然自我导向和投资行为正相关，但是他人导向对投资结果也表现出显著的正相关性。Nair 和 Ladha（2014）认为，在传统投资领域中，投资者也存在他人导向。一方面，社会道德或社会责任会促使投资者考虑社会效应和社会贡献；另一方面，即使投资者以财富最大化为目的，也仍然可能是基于他人导向先实现团队利益最大化，进而再实现自我利益最大化。因此，众筹平台应全面考虑自我导向和他人导向因素，不要忽略任何一种导向对投资行为的影响。

其次，自我导向的投资者比他人导向的投资者有更强的投资动机。虽然投资者会被项目成败或者融资者的故事所吸引，但是投资者首要关心的还是自己的利益，即使这些投资者是出于帮助的动机去投资。这个结果验证了 Zhang 等（2019）的研究，自我导向的投资者确实在众筹市场中表现出更强的投资意愿。因此，在平衡自我导向和他人导向的时候，众筹平台应考虑投资者的他人导向因素，通过强调他人受到的影响来吸引更多投资者参与到众筹项目中。

最后，投资团队的自我导向并没有对投资行为产生显著影响，但是投资团队的他人导向和投资行为有更强的相关性。该结果验证了 Korsgaard 等（1997）的研究，他们认为自我导向的投资者不愿意参与和分享社群活动，而他人导向的投资者是社群内的积极参与者。自我导向对投资团队来说没有显著地提高团队的投资意愿。相比独立的投资者，加入投资团队的投资者具有更强的团队意识。Batson 等（2002）认为利他主义是团队的主要成分，对团队的影响最大。频繁社交的投资者或者期望与他人合作的投资者，在决策时会更多地考虑团队或者他人的感受，因此更倾向以他人为中心。同样，Stukas 等（2015）也强调他人导向对社区行为的重要性。本章的研究也发现，投资团队和投资者在动机导向上存在差异。为此，众筹平台在吸引投资者加入投资团队或者向投资团队推荐项目时，应该更多考虑投资者的他人导向因素，以最大化众筹平台的用户活跃度。

表 6.11 列出了假设检验的结果。结果表明，更强的自我导向对众筹投资者的投资行为有正面的影响；更强的他人导向对众筹投资者的投资行为有正面的影响；自我导向比他人导向对众筹投资者的投资行为影响更大；有更强的他人导向的投资团队相比其他投资团队有更强的投资意愿。

表 6.11　假设结果总结

	假设	结果
H6.1	更强的自我导向对众筹投资者的投资行为有正面的影响	支持
H6.2	更强的他人导向对众筹投资者的投资行为有正面的影响	支持
H6.3	自我导向比他人导向对众筹投资者的投资行为影响更大	支持
H6.4	有更强的他人导向的投资团队相比其他投资团队有更强的投资意愿	支持

6.6　理论贡献和管理启示

6.6.1　理论贡献

现有研究探讨的对象要么是项目本身要么是融资者，很少关注投资者的动机导向。不同的动机都会导致投资者产生投资行为，而在产生投资行为时，不同动机导向下的投资者关注的目标和方向也可能不同。因此，对于投资者不同的动机导向，需要进行深入探究和分析。

首先，本书基于利他主义理论，将投资者的动机导向分为自我导向和他人导向，并采用投资者自述的文本分析方法对其动机导向和投资行为进行分析。这种方法为研究众筹市场中的动机导向与投资行为的关系提供了理论依据。

其次，本书采用文本分析方法分析投资者的动机导向。虽然文本分析方法在个体心理及动机研究领域得到了广泛应用，但在众筹市场投资动机导向研究方面仍处于初级阶段。本章将句法分析和语义分析相结合，利用 Spacy 库对投资者的自我描述进行解析，将文本分析方法应用于众筹市场的动机导向研究中，从而为文本分析以及动机导向研究在众筹市场的应用提供了理论依据。

最后，本书将投资者和投资团队区分开来，并分析了投资团队的动机导向与投资行为之间的关系。投资团队是众筹市场中重要的投资力量，备受学术界的关注（Korsgaard et al.，1997；Batson et al.，2002；Stukas et al.，2015）。目前，针对众筹平台社群行为及动机导向的研究非常有限，已有的研究也只涉及众筹平台的评论行为，并未深入分析投资团队的行为。本书结合利他主义理论，对投资团队的投资行为进行探究，并发现投资团队的动机导向对其投资行为有着重要的影响，这为众筹市场的社群行为分析提供了全新的视角。

6.6.2　管理启示

本章发现了不同动机导向对投资者众筹行为产生的影响，并得到如下启示。

　　首先，投资者的自我导向和他人导向都能对众筹项目的投资行为产生正面影响，但是自我导向的投资者往往比他人导向的投资者有更强的投资动机。为了提高融资成功率，众筹平台应该兼顾自我导向和他人导向的投资者，但更倾向于以自我导向的投资者为主。在营销推广过程中，平台应该考虑投资者的动机导向，根据投资者的倾向，设计宣传标语。目前，众筹市场更多地从平台角度设计宣传标语，但未来平台在营销推广上可以使用以融资者为主题的引导内容。例如，开发以融资者为主题或以融资者为叙述对象的文字去推广，或将两种类型的标语结合使用，以同时吸引两种导向的投资者。此外，在项目筹划过程中，融资者也应该考虑投资者的自我导向和他人导向，并使用不同导向的内容吸引相应的投资者。融资者应结合自己项目的特点，如果目标是吸引更自我的投资者，则使用自我导向的内容；如果目标是吸引更无私的投资者，则使用他人导向的内容。

　　其次，投资者社群维护与投资团队管理是平台提高用户黏性和价值的重要方式。社群可以扩大用户在平台上的信息交流范围，增加用户在平台上的互动频率。因此，在众筹平台中，投资者的社群维护也是增强客户留存的重要方式。本章的研究表明，参与众筹项目的投资团队相比独立投资者更具有他人导向，投资团队也更愿意看到他人的改变。参与投资团队的投资者可能会体现出更强的群体意识，更倾向于为他人考虑。因此，建议投资团队在招募新成员时，更多地强调融资者会在团队的帮助下实现变革，而不是过分宣传投资者自己或团队本身。同时，投资团队在给团队内的投资者推荐项目时，应考虑更具有他人导向的项目，以增强与投资者的共鸣。为了增加投资者在平台社群中的互动或提高投资团队的投资倾向，平台应以他人导向的视角去宣传，例如，宣传投资团队对其他融资者的帮助，或者融资者通过这些帮助获得的改变。通过这种宣传方式，平台可以吸引更多投资者加入投资团队或激发投资团队进行更多的投资，从而最大限度地提高用户活跃度。对于融资者而言，在项目策划过程中应考虑到独立投资者和投资团队的差异，并关注项目的受众群体的投资导向。如果项目的目标是以投资团队为主，则需要增加更多的他人导向内容去吸引投资团队的投资者。

第 7 章　自我和他人导向动机线索对融资结果的影响：基于项目描述的分析

7.1　自我和他人导向动机线索介绍

众筹市场存在多样化的投资动机，同时投资者的动机导向也有所不同。不同于自我决定理论探讨产生动机的原因是什么，动机导向更注重动机满足的对象是什么。在众筹领域，即使投资行为是为了帮助他人，投资者也可能包括两种情况：以自我为中心（如能力炫耀）；以他人为中心（如怜悯他人或帮助他人实现目标）。本书发现，投资者存在不同的动机导向，这对投资行为有一定影响。但是，关于"众筹项目的动机导向信息能否影响投资者的投资行为"还没有明确答案。

在风险投资领域，关于投资对象的讨论一直存在争议，即投资对象是项目创意还是创业者（Kaplan et al.，2009；Marom and Sade，2013）。有学者认为项目创意以及市场空间是投资对象的核心，也有学者认为创业者的个人特质、能力和激情才是关键点（Marom and Sade，2013）。这个问题同样存在于众筹领域，因为项目描述的对象的不同会造成投资者投资行为的差异。研究证明，项目描述可以影响投资者的投资行为（Mollick，2014），其中项目描述对象对投资行为的影响也被验证。Wang 等（2017a）探讨了众筹项目描述对象对融资结果的影响，并分析了哪种描述方式可以更好地确保融资成功，是偏重于项目本身还是偏重于项目发起人。结果表明，在文艺类项目中，突出对项目发起人的描述有助于提高融资成功率；然而，在技术类和生活类项目中，对项目发起人和项目本身的描述并不能提高融资成功率。上述研究显示，对不同类型的项目应采用不同的项目描述策略以确保项目融资的成功。

学者已经研究了项目描述对象对融资结果的影响。本质上，不论融资者本身还是项目创意，都是从融资者角度出发，并没有考虑投资者的动机导向。如第 6 章所述，不同的动机导向对投资者的影响也不同，最终会导致融资结果的差异。为此，本章将项目描述视为动机导向线索，分析自我和他人导向动机线索对融资结果的影响。

7.2　自我和他人导向动机线索的理论基础

利他主义是指某个人为了他人的利益而自我牺牲，而不是为了追求自我提升或内在幸福感（Post，2002）。从动机角度看，利他主义是一种人的特质表现（Hoffman，1981）。利他动机是由人们所假设在相同情境中所感受到的共情、同情或怜悯引发的。第 5 章曾提到自我决定理论，该理论考虑产生动机的源头是什么，而利他主义则考虑产生动机的导向是什么。同样是帮助他人的行为，自我决定理论认为，这种行为是为了满足自我竞争的需求，而利他主义则认为该行为是围绕他人导向的，而不是以自我为中心的。自我导向的行为也被称为利己主义。学者认为，利他或利己主义导向是个人的一种特质，甚至与人的社会地位有关（Kacewicz et al.，2014），研究表明社会地位高的人群更容易产生利他主义。

如第 5 章所述，S-O-R 模型是一种用来分析个体行为和动机的方法。当投资者访问众筹平台时，他们会被项目页面所影响，最终产生投资行为。在分析众筹投资行为时，我们可以看到 S-O-R 模型中的刺激因素主要是项目的展示页面，组织则指的是投资者的动机，反应则代表投资者的投资行为。

刺激因素具有一定的指引性，不同的刺激内容会导致投资者产生不同动机。指引性指的是动机对所触发的行为提供指引（Petri and Govern，2004）。动机的测量方法是通过调整刺激条件并测量行为结果来实现的。针对动机分类的理论，学者也会使用不同的动机测量方式并产生不同的测量量表来描述动机。在利他主义理论中，自我导向和他人导向动机有清晰的定义，即动机的具体目标对象是自我还是他人（Post，2002）。这种刺激因素也会存在于文本内容中，因此项目描述中的文本线索会对投资者产生刺激，并最终影响投资者的动机。

LIWC 词库已在前文叙述，本章也将其作为动机线索分析的词库。我们使用系统和人工相结合的分类方法来规避文本线索对动机解释的歧义，以确保分类的可靠性。当某线索对某动机行为产生显著影响时，就将其加入对应的词库中。同时，LIWC 会通过一系列的测试方法来检验文本与它应该测量的现实世界的行为之间是否具备显著的相关性（Tausczik and Pennebaker，2010）。

7.3　自我和他人导向动机线索对融资结果影响的基本假设

项目描述会对众筹行为产生影响（Mollick，2014），其中隐含的动机导向是影响投资行为的因素之一。在项目筹划阶段，融资者会准备自我导向或他人导向的内容。利他主义认为某人为了他人的利益而牺牲自我，而非基于个人的自我提升或内在的幸福感（Post，2002）。利他主义的出发点是以他人为中心。当融资者在设计项目描述时，如果强调自己的改变或者自身需求，会让具有他人导向的投资者产生更强的投资意愿。当融资者在项目描述中倾向于对项目或融资者本身进行介绍时，会让具有他人导向的投资者更容易产生投资意愿。为此，我们做出以下假设。

H7.1　关于融资者和融资项目的项目描述对投资者的投资行为产生正面影响。

利己主义的出发点是以自我为中心，这类投资者更倾向于直接看到自己的改变或所得。当融资者更多地对投资者进行描述时，会让具有自我导向的投资者产生更强的投资意愿。例如，这类投资者为了获得更多回报，更期望受助者谈论自己的收益和回报（Rivoli，1995）。此外，具有自我导向的投资者帮助了他人，可能是期望对方赞美自己的能力。当融资者的项目描述更倾向于介绍投资者时，会让具有自我导向的投资者更容易产生投资意愿。为此，我们做出以下假设。

H7.2　关于投资者的项目描述对投资者的投资行为产生正面影响。

他人导向的项目描述包含众筹项目和融资者两个方面，投资者期望看到融资者本人的变化，也可能期望项目融资成功。Marom 和 Sade（2013）认为，在选择项目时，投资者不一定只考虑项目本身因素，也可能是因为融资者的自身情况所致。投资者会关注融资者的许多特征，如所在城市、性别、种族、职业、学历、社交圈等因素，这些因素会影响投资者对项目的信心（Mollick，2014；Courtney et al.，2017）。实际上，很多投资者更支持融资者本人而非项目本身。甚至有些投资者是因为融资者的社交关系而选择投资的。因此，强调融资者的需要也会增加投资者的参与意愿。这类投资者更希望看到融资者的自身信息，并且更多介绍融资者的内容会更容易刺激投资者的投资行为。为此，我们做出以下假设。

H7.3a　关于融资者本人的项目描述对投资者的投资行为产生正面影响。

项目信息是众筹平台项目页面主要展示的信息，也是影响投资决策的关键信息。无论投资者考虑了多少因素，项目本身始终是他们关注的重点。学者普遍认为，项目介绍会影响融资结果（Mollick，2014；Greenberg and Mollick，2017）。例如，融资目标（Kuppuswamy and Bayus，2013）、交付方式和时间（Kunz et al.，2017；Zheng et al.，2017）、回报承诺（Barbi and Bigelli，2017；Roma et al.，2017）、视频等多媒体信息（Mollick，2014；Greenberg and Mollick，2017；Wang et al.，2017b；Li et al.，2017），甚至是项目的激情（Davis et al.，2017）和创新力（Li et al.，2017），这些细节信息必须在项目描述中向投资者展示，

而融资者也通过这些信息来吸引投资者。同样地，投资者也希望看到项目的详细信息，并且更多地描述项目的未来前景会更加刺激他们的参与意愿。为此，我们做出以下假设。

H7.3b　关于融资项目的项目描述对投资者的投资行为产生正面影响。

本章的理论研究模型如图 7.1 所示。在众筹平台上，自我导向和他人导向的项目描述会正面影响融资结果。其中，项目描述中针对融资者本人和针对融资项目的他人导向会对融资结果产生正面影响。

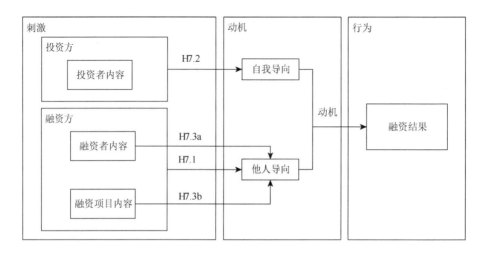

图 7.1　本章的理论研究模型

7.4　研究方法和研究模型

7.4.1　研究数据

我们从 Indiegogo 平台抓取了 50 343 个众筹项目作为研究数据。这些项目来自 223 个国家和地区，融资总额约为 10 亿美元。实验数据包含项目描述、融资回报、融资时间、用户评论等方面。我们选择项目描述作为研究对象，因为它包含了众筹项目最详细的信息，如项目起源、目标、过程、结果、特点以及相关参与方等，也是投资者最为关注的内容。在项目页面上，项目描述占据着重要的位置。对于融资方来说，项目描述也是需要花费大量时间精心准备的。融资方会在描述对象、描述角度、描述方法、描述情绪等方面仔细斟酌，以达到最佳效果，并吸引更多的投资者。

如第 5 章所述，我们将众筹项目分为三类：社会类、创意类和技术创新类。表 7.1 展示了每一类项目描述的示例，汇总数据见表 5.2。

表 7.1　众筹项目的类别和项目描述

类别	定义	项目描述片段（原英文，现译为中文）
社会类	社群和社会类活动的项目	我们需要得到帮助，这样我们就可以开始帮助人们，并减轻他们的痛苦。我们的计划是开一个小型的非营利性种植园，这将创造就业机会，并养活许多饥饿的家庭
创意类	艺术或者媒体类的活动	我的目标是制作一部引人入胜的短片去吸引我的观众。这是我第一次真正有机会使用专业设备制作电影。重要的是，我拥有所有必要的资源来制作一部能够为我的未来创造机会的电影。因为学生很难在没有预算的情况下拍摄电影，所以我希望为这个项目筹集 500 美元。这笔钱将用于演员和剧组人员的生活费、交通费、道具费、许可费以及电影制作过程中的其他杂费
技术创新类	最新改进生活方式的技术项目	Tribble™是你家庭的新设备。你可以通过移动设备监控家中发生的一切，更改环境音乐，拍照或远程控制计算机和手机。此外，你可以使用 Tribble™跟踪你的行李、汽车或家庭宠物。它也是你不可替代的伴侣，在孤独的时刻总能让你振作起来。它配备了一个传感器显示器，方便用户使用。此外，Tribble™非常紧凑，与任何家庭内饰都相得益彰

7.4.2　文本特征表示

如前所述，融资者在展示众筹项目时，会采用包含不同导向线索的文本来吸引自我导向或他人导向的投资者。表 7.2 展示了项目的不同描述对象。

表 7.2　众筹项目的描述对象

动机导向	定义	项目描述片段（原英文，现译为中文）
自我导向	投资者	你可以通过移动设备监控家中发生的一切，更改环境音乐，拍照或远程控制计算机和手机
他人导向	融资者	我是一家刚刚成立三个月的初创公司的创始人兼首席执行官，该公司是一个位于佐治亚州阿尔法雷塔的健康中心。我们是一个创新的上瘾治疗项目，主要面向需要帮助打击毒品和酒精的个人和家庭
	融资项目	Tribble™是你家庭的新设备。它也是你不可替代的伴侣，在孤独的时刻总能让你振作起来。它配备了一个传感器显示器，绝对方便用户使用。此外，它非常紧凑，与任何家庭室内装饰都相得益彰

第 6 章采用文本分析方法来判断动机导向，本章将采用类似的方法进行动机导向分析。相对于投资者自我描述中的动机导向表示，项目描述中的动机导向表示不完全一样。这主要是因为投资者自我描述是表达个人动机的内容，而项目描

述是用来激发投资者参与的内容。因此，本章不能完全采用第 6 章的文本表示方式。例如，虽然都是自我导向的文本表示，但投资者自我描述可能着重描述作者的个人特征，而项目描述则更注重以读者为中心的描述。考虑到读者是第二人称，所以我们将读者视为研究对象，当作者以第二人称为主语描述的时候，会激发读者的自我导向；而如果作者以第一人称或者第三人称为主语，以自己或者第三者为中心，描述相关行为，那么可以激发读者的他人导向。

为此，本章采用表 7.3 作为文本指代描述。当作者使用第一人称或自己的姓名来描述自己时，这代表了融资者的指代；而当作者使用第三人称或项目名称来称谓项目时，这代表了融资项目的指代；当作者使用第二人称来称呼投资者时，这代表了投资者的指代。其中，融资者指代和融资项目指代均表示读者的他人导向文本表示，而投资者指代则表示读者的自我导向文本表示。

表 7.3　文本指代描述

统计指标	指标说明	指标示例	句示例
融资者指代	作者以第一人称或者自己的姓名来称谓自己	我，我们	我们需要帮助
融资项目指代	作者以第三人称或者项目名称来称谓项目	它	它可以改变世界
投资者指代	作者以第二人称来称谓投资者	你	你可以帮助我们

基于 Spacy 构建句法树，我们提取了主语或谓词的施动方，按照表 7.3 的文本指代描述，计算主语的代词类型并统计词频。具体过程参见第 6 章的论述，文本特征生成框架如图 7.2 所示。

7.4.3　研究模型

本章采用回归模型来探究项目描述的动机导向对融资成功率的影响。为此，建立了两个模型：Model1 将动机导向分为自我导向和他人导向，探究项目描述的动机导向对融资成功率的影响；而 Model2 将他人导向再分为项目导向和融资者导向，探究项目导向和融资者导向对融资成功率的影响。模型见式（7.1）：

$$\text{Rate}_i = \alpha + O_i'\beta + Z_i'\gamma + \varepsilon_i \qquad (7.1)$$

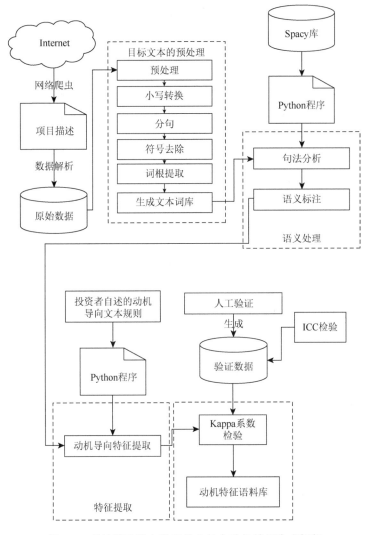

图 7.2　项目描述的自我和他人导向动机特征生成框架

式中，Rate_i 为因变量，代表融资成功率，采用每个项目的融资金额占融资者预设的目标融资金额的比例来衡量；O_i' 为动机导向向量，代表项目描述体现的动机导向；Z_i' 为控制变量集合；α 为截距；β 和 γ 分别为投资动机向量和控制变量的系数；ε_i 为随机扰动项，通常 $\varepsilon_i \sim N(0, \delta^2)$。在鲁棒性检验中，我们将达到融资目标的项目作为融资成功项目，并使用达到融资目标的项目在所有项目中的占比来衡量融资成功率。

在 Model1 中，动机导向向量包含自我导向特征和他人导向特征；而 Model2 中的动机导向向量包括自我导向特征、项目导向特征和融资者导向特征。

　　本章采用基于 LIWC 词库的词频统计方法进行文本处理，其过程与第 6 章所述相同。基于 LIWC 词库，我们得到了动机导向关键词的集合，并通过词频计数方式对文本中的关键词进行统计，得到每个关键词在文本中的词频计数。接着，我们计算每个关键词的 TF-IDF 加权值，并将每个关键词的 TF-IDF 值汇总作为该动机导向分类的特征。在此过程中，我们将每个动机导向分类的关键词权重设定为相同，这也是词频计数常用的设置方式。我们从项目描述中提取了四类投资动机的文本特征线索，分别是他人导向的文本表示（Other_Oriented）、自我导向的文本表示（Self_Oriented）、项目导向的文本表示（Project_Oriented），以及融资者导向的文本表示（Fundraiser_Oriented）。

　　控制变量集合 Z_i' 包括项目属性、文本长度、发起人社交能力、交互情况以及多媒体信息等方面的变量，根据前人的研究，我们确定了这些变量，包括融资时长、融资目标、描述长度、发起人好友数量、更新次数、评论次数、视频介绍（Martens et al.，2007；Kuppuswamy and Bayus，2013；Mollick，2014；Ahlers et al.，2015；Agrawal et al.，2015；Aprilia and Wibowo，2017；Barbi and Bigelli，2017；Greenberg and Mollick，2017；Roma et al.，2017；Block et al.，2018；Wang et al.，2018a），这些变量的具体定义和描述统计如表 7.4 和表 7.5 所示。

表 7.4　变量定义描述

变量	定义
因变量	
Rate$_i$	众筹项目融资金额和项目预设的目标融资金额的比率
自变量	
Other_Oriented	项目描述文本中他人导向的文本表示
Self_Oriented	项目描述文本中自我导向的文本表示
Project_Oriented	项目描述文本中项目导向的文本表示
Fundraiser_Oriented	项目描述文本中融资者导向的文本表示
控制变量	
Target	众筹项目的预设融资目标金额
Duration	众筹项目融资持续的天数
Comments	众筹项目的评价数量
Updates	众筹项目的项目更新数量
DescriptionLength	众筹项目的项目描述文本长度
SocialAttribute	众筹项目的发起人 Facebook 好友数量
Video	众筹项目是否提供视频

表 7.5　变量描述统计

变量	平均值	最小值	最大值	标准差
Target	1 382 289.242	0	2.0×10^{9}	4.47×10^{7}
Duration	44.108	1.0	60	16.599 0
Comments	7.327	0	8 497	69.326 4
Updates	1.106	0	138	4.050 2
SocialAttribute	157.024	0	202 850	1 432.018 5
DescriptionLength	4 266.212	0	71 107	5 322.362 1
Video	0.426	0	1	0.494 4
Self_Oriented	0	0.068 0	0.002 0	0.002 4
Other_Oriented	0	0.032 3	0.002 5	0.002 0
Project_Oriented	0	0.040 5	0.002 3	0.002 3
Fundraiser_Oriented	0	0.054 9	0.001 9	0.002 3
$Rate_i$	0	3.43	0.203	2.23

首先，我们将描述长度 DescriptionLength 作为控制变量，以控制项目描述的文本长度对投资者的影响，通常文本越长，融资成功率越高。其次，我们将融资时长 Duration 和融资目标 Target 作为控制变量，以控制长融资时间带来的曝光程度和不同融资目标带来的融资难度。然后，将发起人的好友数量 SocialAttribute 加入控制变量，以控制不同社交背景带来的好友融资。我们使用 Facebook 好友数作为发起人的好友数量，因为该变量已被其他学者应用于众筹社交属性的研究中（Aprilia and Wibowo，2017）。接着，将更新次数 Updates 和评论次数 Comments 作为项目的交互情况，以控制不同交互热度下带来的曝光区别和不同交互对投资者的吸引差异。最后，我们加入是否有视频介绍 Video，以控制视频介绍对投资者的吸引力。

7.5　实验结果和结果讨论

7.5.1　实验结果

我们对上述变量进行相关性分析，结果如表 7.6 所示。变量之间的相关性远低于 0.7（Anderson et al.，1990），这表明变量的相关性较低。而且，方差膨胀因子均小于 10（Marquardt and Snee，1975），这表明变量存在多重共线性的可能性很小。

表 7.6 变量相关性分析

变量	Target	Duration	Comments	Updates	Social Attribute	Description Length	Video	Self_ Oriented	Other_ Oriented
Target	1								
Duration	0.019**	1							
Comments	−0.001	−0.011*	1						
Updates	−0.006	−0.028**	0.312**	1					
Social Attribute	−0.002	−0.010*	0.344**	0.223**	1				
Description Length	−0.005	0.002	0.123**	0.314**	0.139**	1			
Video	−0.006	−0.031**	0.053**	0.195**	0.084**	0.329**	1		
Self_Oriented	0.008	−0.002	−0.009*	−0.033**	−0.022**	−0.123**	−0.042**	1	
Other_Oriented	−0.002	−0.018**	−0.031**	−0.098**	−0.047**	−0.263**	−0.201**	0.107**	1
VIF	1.000	1.226	1.243	1.165	1.958	1.132	1.672	1.587	1.695

*$p<0.05$，**$p<0.01$。

因变量均为连续型变量，所以采用线性回归模型来检验假设，表 7.7 和表 7.8 给出了 Model1 和 Model2 的回归结果。

表 7.7 动机导向的回归结果

变量	社会类项目		创意类项目		技术创新类项目	
	系数	显著性	系数	显著性	系数	显著性
控制变量						
Target	0.000	0.957	−0.003	0.646	−0.009	0.159
Duration	−0.016	0.076	−0.170***	0.000	−0.149***	0.000
Comments	0.304***	0.000	0.155***	0.000	0.239***	0.000
Updates	0.082***	0.000	0.195***	0.000	0.102***	0.000
SocialAttribute	−0.058***	0.000	0.043***	0.000	0.058***	0.000
DescriptionLength	0.092***	0.000	0.020*	0.042	0.044***	0.000
Video	−0.007	0.480	0.105***	0.000	0.042***	0.000
自变量						
Self_Oriented	−0.028**	0.002	0.024**	0.010	0.009	0.243

续表

变量	社会类项目		创意类项目		技术创新类项目	
	系数	显著性	系数	显著性	系数	显著性
Other_Oriented	0.052***	0.000	0.007	0.500	0.029***	0.001
N	11 139		16 897		22 307	
R^2	0.124		0.162		0.138	

* $p<0.05$，** $p<0.01$，*** $p<0.001$。

表 7.8　项目和融资者导向的回归结果

变量	社会类项目		创意类项目		技术创新类项目	
	系数	显著性	系数	显著性	系数	显著性
控制变量						
Target	−0.001	0.939	−0.011	0.165	−0.008	0.223
Duration	−0.016	0.108	−0.175***	0.000	−0.159***	0.000
Comments	0.305***	0.000	0.161***	0.000	0.248***	0.000
Updates	0.080***	0.000	0.204***	0.000	0.115***	0.000
SocialAttribute	−0.058***	0.000	0.030***	0.001	0.058***	0.000
DescriptionLength	0.093***	0.000	0.019	0.080	0.038***	0.000
Video	−0.009	0.426	0.092***	0.000	0.040***	0.000
自变量						
Self_Oriented	−0.013**	0.009	0.014**	0.002	0.001	0.918
Other_Oriented						
Project_Oriented	0.040**	0.002	0.025**	0.009	0.038***	0.000
Fundraiser_Oriented	0.016	0.224	0.045	0.165	0.002	0.811
N	11 139		16 897		22 307	
R^2	0.124		0.161		0.149	

** $p<0.01$，*** $p<0.001$。

Model1 是一个关于项目描述动机导向特征和融资结果的回归模型。研究结果表明，对于不同的项目类别，自我导向和他人导向特征对融资结果都有一定的影响。首先，在社会类项目中，自我导向特征（−0.028，$p = 0.002$）和融资结果呈负相关，而他人导向特征（0.052，$p = 0.000$）和融资结果呈正相关。由此可见，在社会类项目中，投资者更希望看到他人导向的项目描述，如果融资者以投资者为中心去撰写项目描述，反而会降低投资者的投资意愿。同时，评论次数（0.304，$p = 0.000$）、更新次数（0.082，$p = 0.000$）和描述长度（0.092，$p = 0.000$）都与融资结果呈正相关；而融资者社交属性（−0.058，$p = 0.000$）则表现出负相关性。

与其他类别有所不同，融资时长（-0.016，$p=0.076$）对社会类项目没有显著影响。其次，在创意类项目中，自我导向特征（0.024，$p=0.010$）与融资结果呈正相关，而他人导向特征（0.007，$p=0.500$）与融资结果则没有显著相关性。由此可见，在创意类项目中，投资者更期望满足自己的需求。同时，评论次数（0.155，$p=0.000$）、更新次数（0.195，$p=0.000$）、融资者社交属性（0.043，$p=0.000$）、是否提供视频（0.105，$p=0.000$）、项目描述文本长度（0.020，$p=0.042$）都与融资结果呈正相关，而融资时长（-0.170，$p=0.000$）则表现出负相关性。最后，在技术创新类项目中，他人导向（0.029，$p=0.001$）和融资结果有正相关性，自我导向（0.009，$p=0.243$）和融资结果没有显著相关性。结果表明，技术创新类项目的投资者更期望他人或者项目取得成功。同时，评论次数（0.239，$p=0.000$）、更新次数（0.102，$p=0.000$）、融资者社交属性（0.058，$p=0.000$）、是否提供视频（0.042，$p=0.000$）、项目描述文本长度（0.044，$p=0.000$）都与融资结果呈正相关；融资时长（-0.149，$p=0.000$）表现出负相关性。

　　Model2 是一个关于项目描述中项目及融资者导向特征和融资结果的回归模型。研究结果表明，在不同的项目类别中，项目导向特征与融资结果具有相关性，但是融资者导向特征和融资结果不存在显著影响。首先，在社会类项目中，自我导向特征（-0.013，$p=0.009$）和融资结果表现出负相关性，项目导向特征（0.040，$p=0.002$）和融资结果有正相关性，而融资者导向（0.016，$p=0.224$）和融资结果没有显著相关性。由此可见，在社会类项目中，投资者更希望看到以项目为中心的项目描述，和 Model1 结果一样，自我导向的项目描述会降低投资者的投资意愿。同时，评论次数（0.305，$p=0.000$）、更新次数（0.080，$p=0.000$）、描述长度（0.093，$p=0.000$）都与融资结果正相关；融资者社交属性（-0.058，$p=0.000$）表现出负相关性；和其他类别不同，融资时长（-0.016，$p=0.108$）在社会类项目中没有显著影响。其次，在创意类项目中，自我导向特征（0.014，$p=0.002$）和融资结果存在正相关性，项目导向特征（0.025，$p=0.009$）和融资结果有正相关性，而融资者导向（0.045，$p=0.165$）和融资结果没有显著相关性。同时，评论次数（0.161，$p=0.000$）、更新次数（0.204，$p=0.000$）、融资者社交属性（0.030，$p=0.001$）、是否提供视频（0.092，$p=0.000$）与融资结果正相关；融资时长（-0.175，$p=0.000$）表现出负相关性。最后，在技术创新类项目中，项目导向（0.038，$p=0.000$）和融资结果呈正相关，融资者导向（0.002，$p=0.811$）和融资结果没有显著相关性，自我导向（0.001，$p=0.918$）和融资结果没有显著相关性。结果表明，在技术创新类项目中，投资者更期望项目的成功。同时，评论次数（0.248，$p=0.000$）、更新次数（0.115，$p=0.000$）、融资者社交属性（0.058，$p=0.000$）、是否提供视频（0.040，$p=0.000$）、项目描述文本长度（0.038，$p=0.000$）都与融资结果呈正相关；而融资时长（-0.159，$p=0.000$）表现出负相关性。

本书通过预留的数据样本进行鲁棒性检验。表 7.9 和表 7.10 给出了 Model1 和 Model2 的鲁棒性检验结果，表 7.9 的结果和实验接近。表 7.10 显示，在融资者导向的项目描述上，回归结果有一定的差异，这个差异的主要原因是使用不同的指标来定义融资成功率。在创意类项目和技术创新类项目中，融资者导向（0.053，$p = 0.000$；0.035，$p = 0.000$）和融资成功率均表现出正相关性，而这种情况并没有在鲁棒性检验的回归模型中发现。由此可见，融资者导向的项目描述虽然对众筹项目的融资进展没有明显影响，但是对于项目最终是否能够达到融资目标还是有影响的。

表 7.9　Model1 鲁棒性检验结果

变量	社会类项目		创意类项目		技术创新类项目	
	系数	显著性	系数	显著性	系数	显著性
控制变量						
Target	−0.003	0.699	−0.002	0.770	−0.006	0.310
Duration	−0.079***	0.000	−0.150***	0.000	−0.130***	0.000
Comments	0.003	0.738	0.112***	0.000	0.191***	0.000
Updates	0.340***	0.000	0.173***	0.000	0.100***	0.000
SocialAttribute	0.072***	0.000	0.011	0.182	0.021***	0.002
DescriptionLength	0.093***	0.000	0.024*	0.018	0.047***	0.000
Video	0.046***	0.000	0.084***	0.000	0.050***	0.000
自变量						
Self_Oriented	−0.034**	0.005	0.012**	0.008	−0.005	0.546
Other_Oriented	0.046***	0.000	0.008	0.442	0.019***	0.000
N	11 139		16 897		22 307	
R^2	0.186		0.106		0.097	

* $p < 0.05$，** $p < 0.01$，*** $p < 0.001$。

表 7.10　Model2 鲁棒性检验结果

变量	社会类项目		创意类项目		技术创新类项目	
	系数	显著性	系数	显著性	系数	显著性
控制变量						
Target	−0.004	0.712	−0.008	0.338	−0.006	0.405
Duration	−0.085***	0.000	−0.153***	0.000	−0.136***	0.000
Comments	0.007	0.552	0.112***	0.000	0.194***	0.000

续表

变量	社会类项目		创意类项目		技术创新类项目	
	系数	显著性	系数	显著性	系数	显著性
Updates	0.344***	0.000	0.184***	0.000	0.112***	0.000
SocialAttribute	0.072***	0.000	0.009	0.344	0.020**	0.010
DescriptionLength	0.070***	0.000	−0.009	0.309	−0.005	0.575
Video	0.045***	0.000	0.065***	0.000	0.039***	0.000
自变量						
Self_Oriented	−0.006*	0.015	0.015**	0.009	−0.018*	0.012
Other_Oriented						
Project_Oriented	0.026**	0.007	0.024**	0.006	0.050***	0.000
Fundraiser_Oriented	0.009	0.376	0.053***	0.000	0.035***	0.000
N	11 139		16 897		22 307	
R^2	0.189		0.111		0.105	

*$p<0.05$，** $p<0.01$，*** $p<0.001$。

7.5.2　结果讨论

以上研究结果表明，在 Indiegogo 平台上，投资者会受到项目描述中隐含的自我导向和他人导向动机线索的影响，并最终影响融资结果。在所有项目类别中，项目导向的项目描述对融资结果有影响，而融资者导向的项目描述对融资结果则没有显著影响。

首先，在社会类项目中，自我导向的项目描述会对融资结果产生负面影响，而他人导向的项目描述则会对融资结果产生正面影响，尤其以项目导向的项目描述影响更为显著。这类项目的投资者更具有他人导向的特点，更倾向于看到他人变化的描述。例如，投资者更想看到社区的改变或者该项目对社区的影响。同时，这类投资者并不很关心融资者自身的影响，而是更倾向于项目本身的变化；同时，他们也不希望看到描述投资者的信息，如投资者能否获得更多的回报等。总之，在社会类项目中，投资者以他人导向为主，尤其以项目导向为主，因此项目导向的项目描述更容易感染投资者。对于倾向于项目导向的投资者来说，为了帮助他人，他们更期望融资者能够呈现项目的改变，而为了获得更多回报，他们可能更期望融资者谈论项目的远景和成功的可能性（Chiu，2009）。

其次，在创意类项目中，自我导向的项目描述会对融资结果产生正面影响；而他人导向的项目描述对融资结果并没有显著相关性，但是项目导向的项目描述则有正面影响。结果还显示，创意类项目的投资者更具有自我导向特征，并倾向于看到描述自我的信息。以音乐类项目为例，投资者更想看到能否获得音乐副本或加入歌迷会并与歌星建立关系。虽然融资者导向的项目描述对项目的融资进展没有很大的影响，但是鲁棒性检验发现，融资者导向对于项目是否能够达到融资目标还是具有显著的影响，所以不能忽略融资者导向的项目描述。总之，创意类项目的投资者以自我导向为主，自我导向的项目描述更容易吸引投资者。对于倾向于自我导向的投资者来说，为了帮助他人，他们更期望融资者给予自己更多的感谢或夸赞自己能力上的表现。因此，当融资者从投资者的角度进行项目展示时，更容易激起自我导向投资者的投资意愿。

最后，在技术创新类项目中，自我导向的项目描述对融资结果没有显著的影响；而他人导向的项目描述则会产生正面的影响，其中以项目导向的项目描述的影响最为显著。研究结果还显示，技术创新类项目的投资者具有更多的他人导向特征，倾向于看到项目的描述信息。例如，新技术类项目的投资者更想看到新产品对社会的影响。虽然融资者导向的项目描述对项目的融资进展没有显著影响，但是鲁棒性检验发现，融资者导向对项目能否达到融资目标存在显著相关性，因此不能忽略融资者导向的项目描述。综上所述，技术创新类项目的投资者还是以他人导向为主，他人导向的项目描述更容易吸引投资者。

表 7.11 列出了假设检验的结果。

表 7.11　假设结果总结

	假设	结果
H7.1	关于融资者和融资项目的项目描述对投资者的投资行为产生正面影响	部分支持
H7.2	关于投资者的项目描述对投资者的投资行为产生正面影响	部分支持
H7.3a	关于融资者本人的项目描述对投资者的投资行为产生正面影响	部分支持
H7.3b	关于融资项目的项目描述对投资者的投资行为产生正面影响	不支持

7.6　理论贡献和管理启示

7.6.1　理论贡献

本章对项目描述隐含的动机导向与融资结果之间的关系展开实证研究，在一定程度上弥补了众筹动机导向的研究缺口。首先，现有研究探讨了投资者的主要投资对象是项目本身或融资者，并没有分析投资者的主要投资导向是否投资者本人。其次，对动机导向的研究仍处于起步阶段。借助利他主义理论，本章巧妙地将动机导向划分为自我导向和他人导向，结合句法和语义分析，从项目描述中提炼出与动机导向相关的关键文本信息，并以此为基础，对动机导向的特性与融资成果进行了深入实证分析，为该领域带来了理论参考。

此外，在第 6 章分析投资者动机导向基础上，本章为众筹市场的动机导向研究提供了系统性的研究框架。相对于单纯地研究投资者的动机导向或众筹项目的动机导向线索，本章将两个方向相结合。首先，分析投资者的动机导向和投资行为的关系；其次，分析项目描述中反映动机导向的文本线索如何影响投资者决策。该研究框架将投资者和众筹项目两个视角相结合，探讨动机导向对融资结果的影响机理，有利于深入理解动机导向在众筹市场的作用。

7.6.2　管理启示

本章为众筹市场的融资者提供了项目策划的指导建议。

首先，社会类项目的投资者更期望看到他人的变化。在社会类项目中，他人导向的项目描述对融资结果有正面影响，而自我导向的项目描述则相反。在他人导向的项目描述中，社会类项目的投资者更期望看到项目信息的描述，而融资者信息的描述对投资者没有显著的影响。社会类项目具备更多的社交属性，通常与权益维护、环境保护等相关。这类项目的投资者表现出更强的社会责任感，他们想通过自己的能力去改变社会。结果表明，投资者更加关注社会类项目本身的意义。例如，如果投资者通过环保方式保护野生动物，他们更关注野生动物的情况，而不是他们本人的收获或者融资者的改变。社会类项目可以增加项目的社会贡献，以提升投资者的投资意愿；或者在社会类项目中突出项目本身的变化、众筹资金对项目的影响或者众筹资金对项目的重要程度来吸引投资者。社会类项目应减少关于投资者或融资者的描述，这类信息对融资结果没有显著的影响。

其次，创意类项目的投资者更期望看到自己的表现。创意类项目包含艺术、手工和媒体类的项目，他人导向的项目描述对融资结果没有显著影响。与社会类项目不同，创意类项目的投资者更期望从项目中得到自己的收获，更关注自己的改变。这类投资者具有更多的自我导向特征，并希望看到描述自我的内容。例如，音乐类项目的投资者更想看到自己能否获得音乐副本或者加入歌迷会。自我导向的投资者为了获得回报，期望融资者提供更多的有关回报的内容；而当他们帮助他人时，其实更希望融资者给予自己更多的感谢或夸奖能力上的表现。此外，创意类项目应该突出投资者所能获得的回报和价值。创意类项目应该减少针对融资者的信息描述，这类信息对融资结果没有显著的影响。

最后，技术创新类项目的投资者期望看到他人的变化，特别是项目本身的变化。不同于创意类项目，技术创新类项目包含更新颖的事物，投资者对这类事物充满了好奇心。从结果上看，技术创新类和社会类两类项目相似，投资者都是期望看到项目本身的变化。结果显示，技术创新类项目的投资者更想在项目描述中发掘项目自身的信息。例如，参与芯片项目的投资者更关注芯片的新颖性和质量等，并不是自身或融资者。另外，技术创新类项目应该突出项目本身的创新、对社会的影响力或者募集资金对项目的重要性来吸引投资者，这些内容都通过对项目本身的影响来吸引投资者。技术创新类项目应减少关于投资者和融资者的描述，这类信息对融资结果没有显著的影响。

第8章　动机线索对融资结果的影响：考虑情感特征的调节作用

8.1　众筹动机线索及情感因素

融资者在介绍项目时会夹带各种情感，这些情感会对投资者产生影响，并最终影响项目的融资结果。情感是感染投资者情绪的重要因素，反映了融资者的个性、态度、教育水平和社会地位。Wang 等（2017a）采用文本分析的方法，探究了项目描述中的情感因素与投资者投资意愿之间的关系，发现正面情绪有助于融资成功。Rhue 和 Robert（2018）研究了众筹项目如何使用图片和语言来传递情感信息，并发现项目描述中的情感词汇会对融资成功率产生影响。情感因素会对投资意愿产生影响，如果项目描述展示积极的内容，会激发投资者更多的激情；而在赞助类或非回报的项目中，悲观的文字会激发投资者的同情心。

学者们已经研究了众筹项目中情感特征和融资结果之间的关系，但并未区别不同动机下的融资结果。投资行为是由不同的投资动机产生的，而不同的投资动机受到的情感影响也有所不同。Zeelenberg 等（2008）指出，情绪会对个体的动机产生影响，如外部动机更强调投资回报，这时积极的描述可以增强投资者的信心。深入了解情感特征在众筹项目中对投资意愿的影响具有重要意义。因此，本章将研究情感特征的调节作用，并分析动机线索对融资结果的影响。

8.2　情感特征调节效应的理论基础

如第 5 章所述，投资者动机受到众筹项目内容的影响。根据 S-O-R 模型（Mehrabian and Russell, 1974），当投资者浏览项目页面时，会被页面内容所影响，并最终产生投资行为。在这个过程中，刺激因素是项目页面，组织是投资者的动机，反应则是投资者的投资行为。

项目描述不仅包含项目信息，还夹带情感等其他信息。而情感信息反映了融资者在项目筹划阶段的态度。现有研究表明，如果作者倾向于使用积极的词汇，通常意味着他们比较乐观和自信（Wu et al., 2015）。情感不仅反映了融资者的态度，同时也会影响投资者的参与意愿，其中正面情感可以显著提高融资成功率

（Wang et al.，2017a）。相比之下，一些研究发现，正面情感会降低投资者的财力支持意愿（Gao and Lin，2013）。特别是，那些亲社会的投资者更希望看到描述中带有负面的情感信息（Jancenelle et al.，2018）。

8.3　情感特征调节效应的基本假设

项目描述中的情感信息反映了融资者的情感状态。融资者在撰写项目描述时，会有意或无意地将自己的情感反映在文本中。在文本写作中，倾向使用正面情感的作者通常表现出乐观的性格和自信的心态（Tausczik and Pennebaker，2010）。Park 等（2006）认为，乐观情绪可以刺激消费者的购买欲望，进而增加购买行为。在投资领域，乐观情绪同样也能增加投资行为。Wheat 等（2013）发现，具有激情的融资者更容易融资成功；Wang 等（2017a）验证了项目描述中的正面情绪有助于融资成功；Sayim 等（2013）认为，乐观情绪能够增强投资者的信心并促进投资行为，这种情绪让投资者更加愉悦，进而刺激其产生投资冲动。基于此，我们做出以下假设。

H8.1　项目描述中的正面情感对投资者的投资行为产生正面影响。

正面情绪的文本能让投资者感受到更强的自信，而负面情绪则可能带给他们更多的同情。Rhue 和 Robert（2018）基于同理心的情感驱动因素，认为负面情绪能对融资结果产生积极的影响。同理心是一种内部动机（Deci and Ryan，1985），这是投资者自我能力需求的体现，他们希望通过展现自己的能力来保护他人。负面情绪能够加强投资者的内部动机。例如，希望帮助他人的投资者更愿意看到受助者描述自己可悲的过往或者更多的求助，这些负面情绪能够激发投资者的保护欲望。基于此，我们做出以下假设。

H8.2　项目描述中的负面情感能够增强内部动机特征对投资结果的影响。

虽然文本的情感可以影响投资者的情绪，但客观性的描述更容易获得理性投资者的青睐。在客观性的文本风格中，作者会使用事实或论据来支持自己的观点；而在主观性的文本中，则更倾向于使用推测和情感信息，缺乏足够的事实依据（Chen et al.，2020）。基于理性经济人假设，Persky（1995）认为追求财富最大化的投资者更倾向于理性行为，这些投资者更希望看到包含更多事实信息和更少情感内容的项目描述。而追求回报的投资者则是出于外部动机发起投资行为（Deci and Ryan，1985），因此我们有理由相信，项目描述中的情感强度越低，越容易获得来自外部动机的投资者的支持；相反，情感强度越高，越容易获得来自内部动机的投资者的支持。为此，我们做出以下假设。

H8.3　项目描述中的情感强度越低，外部动机特征对融资结果的影响越大。

H8.4 项目描述中的情感强度越高，内部动机特征对融资结果的影响越大。

本章的理论研究模型如图 8.1 所示。

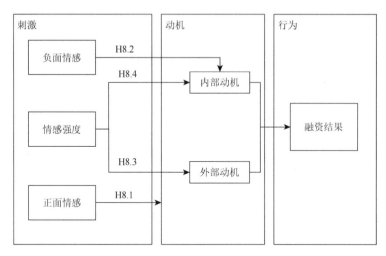

图 8.1　本章的理论研究模型

8.4　研究方法和研究模型

8.4.1　研究数据

本章的研究数据来自 Indiegogo 平台。Indiegogo 的众筹项目内容包括项目描述、融资回报、融资时间和用户评论等，其中项目描述在项目页面上占据重要的展示位置。项目描述包括项目起源、目标、过程、结果、特点以及相关参与方等内容，对于投资者而言是最重要的关注点。为此，我们选取了项目描述作为研究对象。

我们从 Indiegogo 平台抓取了 50 343 个项目，这些项目覆盖了 223 个国家和地区，融资总额约为 10 亿美元。如前文所述，本书使用 Indiegogo 分类法将这些项目分为三类：社会类、创意类和技术创新类。数据汇总情况见表 5.2，表 8.1 展示了项目描述样例。

表 8.1　众筹项目的类别和项目描述

项目类别	定义	项目描述片段（原英文，现译为中文）
社会类	社群和社会类活动的项目	一个小型艺术组织很难生存，一个小镇也很难生存。但四年来，我们在纽约霍巴特的卡茨基尔小镇举办了女性作家节，从中我们学到了很多。有创造力、勤奋和有决心的人可以在当地和全球社区的帮助下取得很大成就，可以搭建一个平台，提高创意女性的知名度，并培养其他女性

续表

项目类别	定义	项目描述片段（原英文，现译为中文）
创意类	艺术或者媒体类的活动	我一直在寻找机会把音乐推广给大家，但是因为录制成本的原因，还需要一段时间才能完成。我很感激能帮上忙的任何人，我不是一个乞讨的人，但如果你愿意帮忙，你就会得到一些很酷的奖赏。如果你喜欢艺术，那么你就会知道这对我来说意味着什么，谢谢
技术创新类	最新改进生活方式的技术项目	我们的目标是推出基于心电图方法的自动心脏监测传感器套件，该套件将与医疗机构服务器连接。使用客户端工具包软件，系统将分析心脏活动并以两种方式通知服务器：①如果心脏病发作，请呼叫救护车，向机组人员提供有关患者的实时信息；②如果发生危险的心脏活动，则显示警告信息（预防性诊断）。这对住在离亲属较远的地方并且无法呼叫救护车的人们来说极为重要。我能帮什么忙？请使用 Indiegogo 共享工具来帮助我们的项目

8.4.2　文本特征表示

融资者在撰写项目描述时，会夹带情感信息。例如，在电子产品类项目中，融资者会使用积极词汇描绘产品的前景；而在环境保护类项目中，融资者会使用消极的词汇来描述环境的恶劣状况。表 8.2 展示了项目描述中情感表述的样例。

表 8.2　众筹项目的情感表述样例

情感偏向	项目描述片段（原英文，现译为中文）
正面情感	你能用 1500 欧元帮助我们的内容：设计并制作一套令人惊叹的套装。我们可以为演员支付漂亮的服装费用，这是我们成功的重要部分。我们可以点亮我们的设备，给您带来欢乐剧院体验（是的，我们保证）。我们很幸运地以微薄的预算资助，完成了热门节目的制作，如《裹身》和《更快更难》
负面情感	遗憾的是，我们的城市没有一个完整、设备完善的动物庇护所，也不能帮助所有的动物，因为动物太多了。在我们城市的街道上有成千上万的饥饿的猫和狗，这些都是人为导致的。很多人想帮忙，但不是每个人都能帮忙！还有很多流浪动物，如小猫和小狗，在街头饿死了！所以，让我们喂养和治愈每只宠物！

本章采用情感词典对项目描述中的情感特征进行分析，具体步骤如下。

（1）对项目描述进行文本预处理，将每份文本分割成以语句为单位的语句集。

（2）将语句集的每个语句分解成单词，并使用情感词典对每个单词进行情感计算。我们采用 Python 的 NLTK 中的 SentiWordNet 库作为情感特征分析的情感词典（Anandarajan et al., 2019）。该库能对每个单词的正面和负面情感进行评估，并按照式（8.1）计算得到相应的正面或负面情感值，取值范围为[0,1]。

$$\begin{cases} senti_{\text{direction}} = positive\_value - negative\_value \\ senti_{\text{strength}} = |\,positive\_value - negative\_value\,| \end{cases} \tag{8.1}$$

式中， positive_value 为正面情感值；negative_value 为负面情感值；$senti_{\text{direction}}$ 为词语的情感方向，取值范围为[-1, 1]，当 $senti_{\text{direction}}$ 越大时，代表词语的正面情感越大；当 $senti_{\text{direction}}$ 越小时，代表词语的负面情感越大；当 $senti_{\text{direction}}$ 越接近 0 时，代表词语越中性；$senti_{\text{strength}}$ 为词语的情感强度，代表词语中的感情色彩强度，取值范围为[0, 1]。当 $senti_{\text{strength}}$ 越接近 0 时，代表项目描述的情感越贫瘠；当 $senti_{\text{strength}}$ 越接近 1 时，代表项目描述的情感越丰富。

（3）将语句中所有词语的平均情感作为该语句的情感方向，计算公式如下：

$$\begin{cases} sent\_senti = \dfrac{1}{n}\displaystyle\sum_{i=1}^{n} word\_senti_i \\ |\,sent\_senti\,| = \dfrac{1}{n}\displaystyle\sum_{i=1}^{n} |\,word\_senti_i\,| \end{cases} \tag{8.2}$$

式中， $word\_senti_i$ 为语句中第 i 个词语的情感方向；n 为语句中所有词语的数量；$|\,word\_senti_i\,|$ 为词语的情感强度，代表语句中的感情色彩强度，取值范围为[0, 2]；$sent\_senti$ 为语句的情感方向，代表语句情感的偏向，取值范围为[-1, 1]；$|\,sent\_senti\,|$ 为语句的情感强度，代表语句中的感情色彩强度，取值范围为[0, 1]。当 $|\,sent\_senti\,|$ 越接近 0 时，代表语句的情感越贫瘠；当 $|\,sent\_senti\,|$ 越接近 1 时，代表语句的情感越丰富。

（4）对项目描述的语句集进行统计，将所有语句的平均情感方向作为项目描述的情感方向，计算公式如下：

$$\begin{cases} senti = \dfrac{1}{n}\displaystyle\sum_{i=1}^{n} sent\_senti_i \\ |\,senti\,| = \dfrac{1}{n}\displaystyle\sum_{i=1}^{n} |\,sent\_senti_i\,| \end{cases} \tag{8.3}$$

式中，$sent\_senti_i$ 为语句集第 i 个语句的情感方向；n 为语句集中所有语句的数量；$senti$ 为项目描述的情感方向，代表项目描述的情感导向，取值范围为[-1, 1]，当 $senti$ 越大时，代表词语的正面情感越大；当 $senti$ 越小时，代表词语的负面情感越大；$|\,senti\,|$ 为项目描述的情感强度，代表项目描述中的感情色彩强度，取值范围为[0, 1]，当 $|\,senti\,|$ 越接近 0 时，代表项目描述情感越贫瘠；当 $|\,senti\,|$ 越接近 1 时，代表项目描述情感越丰富。

（5）如第 4 章方法所述，借鉴已有方法（Duarte et al.，2012；Marom and Sade，2013），我们实现了文本情感特征提取，情感特征的生成框架如图 8.2 所示。

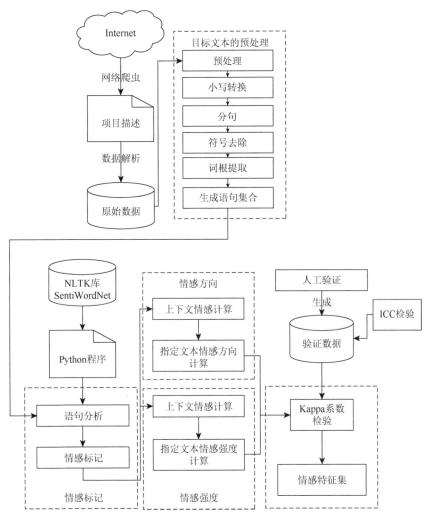

图 8.2　项目描述的情感特征生成框架

8.4.3　研究模型

我们采用线性回归模型分析情感特征调节下投资动机对融资成功率的影响：

$$\begin{cases} \text{Rate}_i = \alpha + \text{Motive}_i\beta + Z_i\gamma + \varepsilon_i \\ \text{Rate}_i = \alpha + \text{Motive}_i\beta + \text{Senti}_i\delta + \text{Senti}_i \times \text{Motive}_i\delta' + Z_i\gamma + \varepsilon_i \\ \text{Rate}_i = \alpha + \text{Motive}_i\beta + |\text{Senti}_i|\delta + |\text{Senti}_i| \times \text{Motive}_i\delta' + Z_i\gamma + \varepsilon_i \end{cases} \quad (8.4)$$

式中，因变量 Rate_i 为融资成功率，采用项目的融资金额占项目预设的目标金额的比例来衡量；Motive_i 为投资动机向量，反映了项目描述所体现的投资动机；Senti_i 为项目描述中动机线索的情感导向，也反映了其情感强度；Z_i 为控制变量集合；

α 为截距；β、δ、δ' 和 γ 分别为投资动机向量系数、情感向量系数、调节变量系数和控制变量系数；ε_i 为随机扰动因素，通常 $\varepsilon_i \sim N(0, \delta^2)$。

关于融资成功率，在鲁棒性检验中，使用融资金额达到融资者预设目标金额的项目占所有项目的比例作为融资成功率。

我们采用前文介绍的动机计算方式来衡量投资动机。基于关键词词频计数的统计方式已被诸多学者证实为一种有效的心理学评估方式（Eid and Diener，2006；Gottschalk，2000；Pennebaker et al.，2003）。我们使用包括不同动机类型的关键词集合作为词库，通过关键词词频计数的统计方式对文本中的关键词进行统计，单独计算每个关键词在文本中的词频计数；然后计算每个关键词的 TF-IDF 加权值。将每个动机分类的关键词的 TF-IDF 值汇总，以此作为该动机分类的投资动机特征。我们将每个动机分类的关键词的权重设定为相同，这也是词频计数方式中常用的设置方法（Pennebaker and Francis，1996；Alpers et al.，2005；Bantum and Owen，2009）。TF-IDF 是一种统计方法，旨在评估一个词在文档集中某一特定文档中的重要程度。它认为，一个词在特定文档中频繁出现，而在整个文档集中出现的频率较低时，这个词的重要性更高。

本书使用动机线索文本的情感特征作为研究模型中的情感值。在计算动机线索文本的情感特征中，我们使用 8.4.2 节中介绍的方法。我们从项目描述中提取了四类文本特征，分别是内部动机的文本表示（Intrinsic_Motive）、外部动机的文本表示（Extrinsic_Motive）、动机线索的情感方向（Senti_Direction）、动机线索的情感强度（Senti_Strength）。

根据前人的研究，我们将从项目属性、文本长度、发起人社交能力、交互情况、多媒体信息五个方面加入控制变量，具体包括融资时长、融资目标、描述长度、发起人好友数量、更新次数、评论次数、视频介绍（Martens et al.，2007；Kuppuswamy and Bayus，2013；Mollick，2014；Ahlers et al.，2015；Agrawal et al.，2015；Aprilia and Wibowo，2017；Barbi and Bigelli，2017；Greenberg and Mollick，2017；Roma et al.，2017；Block et al.，2018；Wang et al.，2018b）。

首先，我们使用描述长度（DescriptionLength）作为控制变量，通常文本越长，融资成功率越大。其次，将融资时长（Duration）和融资目标（Target）加入控制变量中，以控制融资时间和融资目标对融资成功率的影响。然后，我们还将发起人的 Facebook 好友数（SocialAttribute）作为控制变量，以控制不同的社交背景对好友融资的影响。接着，我们将项目的交互情况加入控制变量，包括更新次数（Updates）和评论次数（Comments）。最后，我们还加入提供视频介绍（Video）的二元变量。控制变量的选取原因可以参考第 4 章和第 5 章相关的说明。表 8.3 和表 8.4 给出了变量定义和描述统计。

表 8.3　变量定义描述

变量	定义
$Rate_i$	众筹项目融资金额和项目预设目标的比率
Intrinsic_Motive	项目描述中内部动机的文本表示
Extrinsic_Motive	项目描述中外部动机的文本表示
Senti_Direction	动机线索的情感方向
Senti_Strength	动机线索的情感强度
Target	众筹项目的预设融资目标金额
Duration	众筹项目融资持续的天数
Comments	众筹项目的评论数量
Updates	众筹项目的项目更新数量
DescriptionLength	众筹项目的项目描述文本长度
SocialAttribute	众筹项目的发起人 Facebook 好友数量
Video	众筹项目是否提供视频

表 8.4　变量描述统计

变量	平均值	最小值	最大值	标准差
Target	1 382 289.242	0	$2.0×10^9$	$4.47×10^7$
Duration	44.108	1.0	60	16.599 0
Comments	7.327	0	8 497	69.326 4
Updates	1.106	0	138	4.050 2
SocialAttribute	157.024	0	202 850	1 432.018 5
DescriptionLength	4 266.212	0	71 107	5 322.362 1
Video	0.426	0	1	0.494 4
Intrinsic_Motive	0.001 2	0	0.187	0.002 6
Extrinsic_Motive	0.001 8	0	0.045 8	0.001 6
Senti_Direction	0.024 5	−0.737	0.931	2.353 861 2
Senti_Strength	0.281	0	0.912	3.747 352 0
$Rate_i$	0	3.43	0.203	2.23

8.5　实验结果和结果讨论

8.5.1　实验结果

表 8.5 给出了所有变量的相关性分析，相关性都远低于 0.7（Anderson et al.，1990），表明变量的相关性较低。变量的方差膨胀因子均小于 10（Marquardt and Snee，1975），表明变量存在共线性的可能很小。

表 8.5　变量相关性分析

变量	Target	Duration	Comments	Updates	Social Attribute	Description Length	Video	Extrinsic_ Motive	Intrinsic_ Motive	Senti_ Direction	Senti_ Strength
Target	1	0.019**	−0.001	−0.006	−0.002	−0.005	−0.006	−0.007	−0.005	−0.001	−0.004
Duration	0.019**	1	−0.011*	−0.028**	−0.010*	0.002	−0.031**	−0.004	−0.006	−0.007	−0.011*
Comments	−0.001	−0.011*	1	0.312**	0.344**	0.123**	0.053**	0.052**	0.055**	0.001	−0.035**
Updates	−0.006	−0.028**	0.312**	1	0.223**	0.314**	0.195**	0.165**	0.221**	0.006	0.098**
Social Attribute	−0.002	−0.010*	0.344**	0.223**	1	0.139**	0.084**	0.075**	0.091**	0.003	0.047**
Description Length	−0.005	0.002	0.123**	0.314**	0.139**	1	0.329**	0.555**	0.655**	0.024**	0.245**
Video	−0.006	−0.031**	0.053**	0.195**	0.084**	0.329**	1	0.185**	0.275**	0.007	0.182**
Extrinsic_ Motive	−0.007	−0.004	0.052**	0.165**	0.075**	0.555**	0.185**	1	0.567**	0.017**	0.021**
Intrinsic_ Motive	−0.005	−0.006	0.055**	0.221**	0.091**	0.655**	0.275**	0.567**	1	0.039**	0.033**
Senti_ Direction	−0.001	−0.007	0.001	0.006	0.003	0.024**	0.007	0.017**	0.039**	1	0.175**
Senti_ Strength	−0.004	−0.011*	0.035**	0.098**	0.047**	0.245**	0.182**	0.021**	0.033**	0.175**	1
VIF	1.001	1.003	1.219	1.24	1.161	3.366	1.152	1.737	2.48	1.649	1.051

* $p<0.05$，** $p<0.01$。

由于因变量均为连续型变量，所以我们采用线性回归模型来检验假设。表 8.6 给出了情感偏向调节下的投资动机特征对融资成功率影响的结果。模型 1 代表控制变量对融资成功率的影响；模型 2 代表投资动机对融资成功率的影响；模型 3 代表情感变量调节下投资动机对融资成功率的影响。结果表明，情感偏向对融资结果没有显著影响，对投资动机特征也不存在显著的调节作用。首先，模型 1 的控制变量评论次数（0.319，$p = 0.000$）、更新次数（0.064，$p = 0.000$）、融资者社交属性（0.043，$p = 0.000$）、是否提供视频（0.011，$p = 0.013$）、项目描述文本长度（0.040，$p = 0.000$）对融资结果存在显著的正面影响；融资时长（−0.033，$p = 0.000$）对融资结果存在显著的负面影响；融资目标（−0.001，$p = 0.768$）对融资结果不存在显著影响。其次，模型 2 的外部动机特征（0.000，$p = 0.968$）对融资结果不存在显著影响，内部动机特征（0.023，$p = 0.000$）对融资结果存在显著的正面影响。相对于外部动机特征，内部动机特征在项目描述中表现出更显著的影响，结果表明投资者更容易受到内部特征的描述的影响。情感偏向（0.005，$p = 0.332$）对融资结果不存在显著影响，无论是正面还是负面情感都不会对投资者的投资行为产生吸引。再次，模型 3 的情感偏向和外部动机交互项（0.000，$p = 0.968$）对融资结果不存在显著影响，情感偏向和内部动机交互项（0.010，$p = 0.188$）对融资结果也不存在显著影响。最后，模型 1 的拟合优度 R^2 为 0.116，模型 2 和模型 3 的拟合优度 R^2 均为 0.118。结果表明，投资动机变量对模型存在优化作用，但是情感偏向变量和调节作用对模型没有帮助。

表 8.6　情感偏向调节模型的回归结果

变量	模型 1		模型 2		模型 3	
	系数	显著性	系数	显著性	系数	显著性
Target	−0.001	0.768	−0.001	0.767	−0.001	0.768
Duration	−0.033***	0.000	−0.033***	0.000	−0.033***	0.000
Comments	0.319***	0.000	0.318***	0.000	0.318***	0.000
Updates	0.064***	0.000	0.064***	0.000	0.064***	0.000
SocialAttribute	0.043***	0.000	0.043***	0.000	0.043***	0.000
DescriptionLength	0.040***	0.000	0.052***	0.000	0.049***	0.000
Video	0.011*	0.013	0.012**	0.007	0.012**	0.007
Extrinsic_Motive			0.000	0.968	0.006	0.393
Intrinsic_Motive			0.023***	0.000	0.023***	0.000
Senti_Direction			0.005	0.332	0.011	0.111

变量	模型 1		模型 2		模型 3	
	系数	显著性	系数	显著性	系数	显著性
Extrinsic_Motive×Senti_Direction					0.000	0.968
Intrinsic_Motive×Senti_Direction					0.010	0.188
N	48 241		48 241		48 241	
R^2	0.116		0.118		0.118	

* $p<0.05$，** $p<0.01$，*** $p<0.001$。

表 8.7 给出了情感强度调节下的投资动机对融资成功率的影响。结果表明，情感强度对投资动机存在显著影响，对内部动机和外部动机均存在显著的调节作用。首先，模型 1 的控制变量和表 8.6 的结果大多一样，评论次数（0.319，$p=0.000$）、更新次数（0.064，$p=0.000$）、融资者社交属性（0.043，$p=0.000$）、是否提供视频（0.011，$p=0.013$）、项目描述文本长度（0.040，$p=0.000$）对融资结果存在显著的正面影响；融资时长（−0.034，$p=0.000$）对投资结果存在显著的负面影响；融资目标（−0.001，$p=0.768$）对投资结果不存在显著影响。其次，模型 2 的外部动机特征（0.001，$p=0.878$）对融资结果不存在显著影响，内部动机特征（0.023，$p=0.000$）对融资结果存在显著的正面影响。情感强度（−0.003，$p=0.570$）对融资结果不存在显著影响，说明无论客观的描述还是富有情绪的描述都不会对投资者产生积极的影响。最后，模型 3 的情感强度和外部动机交互项（−0.022，$p=0.010$）对融资结果存在显著的负面影响，情感强度和内部动机交互项（0.071，$p=0.000$）对融资结果存在显著的正面影响，情感强度对两者都表现出显著的调节作用。

表 8.7　情感强度调节模型的回归结果

变量	模型 1		模型 2		模型 3	
	系数	显著性	系数	显著性	系数	显著性
Target	−0.001	0.768	−0.001	0.757	−0.001	0.767
Duration	−0.034***	0.000	−0.034***	0.000	−0.033***	0.000
Comments	0.319***	0.000	0.318***	0.000	0.319***	0.000
Updates	0.064***	0.000	0.064***	0.000	0.063***	0.000
SocialAttribute	0.043***	0.000	0.043***	0.000	0.044***	0.000
DescriptionLength	0.040***	0.000	0.052***	0.000	0.050***	0.000

续表

变量	模型 1		模型 2		模型 3	
	系数	显著性	系数	显著性	系数	显著性
Video	0.011^*	0.013	0.012^{**}	0.007	0.012^*	0.011
Extrinsic_Motive			0.001	0.878	0.069^{***}	0.000
Intrinsic_Motive			0.023^{***}	0.000	0.005	0.547
Senti_Strength			−0.003	0.570	0.002	0.670
Extrinsic_Motive×Senti_Strength					-0.022^{**}	0.010
Intrinsic _Motive×Senti_Strength					0.071^{***}	0.000
N	48 241		48 241		48 241	
R^2	0.116		0.118		0.121	

$* p<0.05$，$** p<0.01$，$*** p<0.001$。

表 8.8 和表 8.9 给出了情感偏向调节和情感强度调节的投资动机对融资结果影响的鲁棒性检验结果。表 8.8 的鲁棒性检验结果验证了实验结果，情感偏向并没有表现出显著的调节作用。表 8.9 的鲁棒性检验结果也验证了实验结果。在调节效应上，鲁棒性检验和实验结果一致，情感强度和外部动机交互项（−0.027，$p = 0.006$）对投资结果存在显著的负面影响，情感强度和内部动机交互项（0.029，$p = 0.032$）对投资结果存在显著的正面影响；情感偏向和外部动机交互项（0.002，$p=0.665$）对融资成功率未表现出显著影响，情感偏向和内部动机交互项（0.005，$p=0.471$）对融资成功率也未表现出显著影响。

表 8.8　情感偏向调节的鲁棒性检验结果

变量	模型 1		模型 2		模型 3	
	系数	显著性	系数	显著性	系数	显著性
Target	−0.005	0.268	−0.005	0.268	−0.005	0.268
Duration	-0.129^{***}	0.000	-0.129^{***}	0.000	-0.129^{***}	0.000
Comments	0.019^{***}	0.000	0.021^{***}	0.000	0.021^{***}	0.000
Updates	0.218^{***}	0.000	0.217^{***}	0.000	0.217^{***}	0.000
SocialAttribute	0.052^{***}	0.000	0.052^{***}	0.000	0.052^{***}	0.000
DescriptionLength	0.047^{***}	0.000	0.021^{***}	0.001	0.019^{**}	0.006
Video	0.083^{***}	0.000	0.078^{***}	0.000	0.078^{***}	0.000

续表

变量	模型 1		模型 2		模型 3	
	系数	显著性	系数	显著性	系数	显著性
Extrinsic_Motive			-0.030^{***}	0.000	-0.027^{***}	0.000
Intrinsic_Motive			0.055^{***}	0.000	0.054^{***}	0.000
Senti_Direction			0.018^{***}	0.001	0.021^{**}	0.003
Extrinsic_Motive×Senti_Direction					0.002	0.665
Intrinsic_Motive×Senti_Direction					0.005	0.471
N	48 241		48 241		48 241	
R^2	0.105		0.107		0.107	

$** p < 0.01$，$*** p < 0.001$。

表 8.9　情感强度调节的鲁棒性检验结果

变量	模型 1		模型 2		模型 3	
	系数	显著性	系数	显著性	系数	显著性
Target	-0.005	0.268	-0.005	0.213	-0.005	0.281
Duration	-0.129^{***}	0.000	-0.124^{***}	0.000	-0.131^{***}	0.000
Comments	0.019^{***}	0.000	0.020^{***}	0.000	0.023^{***}	0.000
Updates	0.218^{***}	0.000	0.215^{***}	0.000	0.215^{***}	0.000
SocialAttribute	0.052^{***}	0.000	0.046^{***}	0.000	0.049^{***}	0.000
DescriptionLength	0.048^{***}	0.000	0.007	0.246	-0.003	0.612
Video	0.082^{***}	0.000	0.075^{***}	0.000	0.069^{***}	0.000
Extrinsic_Motive			-0.022^{***}	0.000	-0.001	0.937
Intrinsic_Motive			0.064^{***}	0.000	0.052^{***}	0.000
Senti_Strength			0.053^{***}	0.000	0.051^{***}	0.000
Extrinsic_Motive×Senti_Strength					-0.027^{**}	0.006
Intrinsic_Motive×Senti_Strength					0.029^{*}	0.032
N	48 241		48 241		48 241	
R^2	0.105		0.109		0.111	

$* p < 0.05$，$** p < 0.01$，$*** p < 0.001$。

8.5.2　结果讨论

表 8.10 列出了假设检验的结果。项目描述中的情感偏向没有对投资动机和投

资行为产生影响。项目描述中的正面情感不会增强投资者的投资行为，负面情感也不会刺激投资者的内部动机。但是我们发现，项目描述中的情感强度对投资者的投资动机存在影响。项目描述中的情感强度越低，越容易刺激投资者的外部动机；项目描述中的情感强度越高，越容易刺激投资者的内部动机。

表 8.10　假设结果总结

	假设	结果
H8.1	项目描述中的正面情感对投资者的投资行为产生正面影响	不支持
H8.2	项目描述中的负面情感能够增强内部动机特征对投资结果的影响	不支持
H8.3	项目描述中的情感强度越低，外部动机特征对融资结果的影响越大	支持
H8.4	项目描述中的情感强度越高，内部动机特征对融资结果的影响越大	支持

首先，正面情感可以刺激投资者的投资行为（Wheat et al.，2013；Sayim et al.，2013），而基于文本分析的研究也证实了项目描述中的正面情绪有助于融资成功（Wang et al.，2017a）。然而，我们并没有发现这种关系。无论正面还是负面情感，都没有对融资结果产生影响。以往的研究发现，文本情感对投资动机的影响在不同的项目类别中有所不同。然而，本书将所有项目作为一个整体进行分析，这可能是导致这类关系无法表现的原因之一。

其次，根据理性经济人理论（Persky，1995），追求财富最大化的投资者倾向于做出理性行为，这类投资者希望看到项目描述中的理性描述而非过多的情感内容。本章研究发现，项目描述中的情感强度越低，越容易刺激外部动机，从而促进更多的投资。因此，对于基于外部动机的投资者而言，他们更欣赏中性和客观的项目描述，而过多的感情描述反而会降低他们的投资意愿。同样地，项目描述中的情感强度越高，则越容易刺激内部动机，从而促进更多的投资。内部动机主要源于投资者心理需求的满足，这类投资者更愿意帮助融资者或与其他投资者建立联系，而这类行为往往更容易受情绪的影响。此外，我们还发现，虽然项目描述中的负面情感不会增强内部动机特征对投资结果的影响，但情感强度越高，内部动机特征对融资结果的影响也就越大。

8.6　理论贡献和管理启示

8.6.1　理论贡献

首先，本章研究了投资者的动机如何被情感特征所影响，为众筹市场的动机分析提供了新视角。目前的研究更多地分析动机对融资结果的影响，并没有研究情感特征对投资动机的调节作用。投资动机除了受到直接的文本内容刺激以外，可能还会受到文本情感特征、修辞方式等多种因素的影响。本章分析了情感特征对投资动机的调节作用，更进一步地洞察触发投资动机的过程，为众筹市场的投资动机研究提供了新的分析视角。

其次，本章研究了情感特征对投资动机的影响，为众筹市场的情感特征分析提供了实践经验。目前，在众筹市场的情感分析中，学者还是专注于情感特征与融资结果的分析（Wheat et al.，2013；Sayim et al.，2013），而探究情感特征的调节作用的研究还很少。本书从项目描述中提取情感强度和情感偏向两类特征，并将其与项目描述的动机特征进行结合，分析情感特征对投资动机的调节作用，为情感特征的分析提供了实践经验。

8.6.2 管理启示

项目描述中的情感特征会对动机特征和融资结果的关系产生影响。鉴于此，本书为融资者提供了项目筹划的指导建议。在项目筹划阶段，融资者需要考虑项目描述中的情感特征，平台也应当采用不同的情感表述方式来吸引投资者。

首先，针对物质回报的众筹项目，我们建议使用客观的描述方式。融资者通常会在项目描述中强调回报信息来刺激投资者，如强调回报时间和回报价值等；同时，融资者会在项目描述中增加感情色彩，如给予肯定或积极的承诺。研究表明，项目描述中的理性和客观的表述对期望回报的投资者的影响更有效。追求财富最大化的投资者更倾向于做出理性行为，基于回报的投资者希望项目描述包含更多的理性内容和更少的感性内容（Rivoli，1995）。增加正面或者负面的情感并不会对外部动机产生显著的影响。同时，如果增加过多的情感特征，可能会降低外部动机的效果。结果显示，客观性的情感表述更适合外部动机特征的文本，这会让投资者更相信物质回报类的信息，而情感性的内容则容易让投资者产生夸张或者悲观的感觉。因此，建议融资者在陈述物质回报时，尽量客观地描述并减少情绪的流露；为了吸引投资者，平台在强调物质回报时应该使用更多的客观描述。

其次，针对请求帮助、表示感谢或者强调关系等方面的项目描述，建议使用更加富有情感的表述方式。相对于期望回报的投资者，基于内部动机的投资者具有更广泛的投资原因，如期望得到关注、建立联系及展示能力等。这类投资者通常通过阅读主观性和情绪化的项目描述或者感受融资者的状态而产生投资行为。例如，悲惨的内容更容易激发他人的帮助，赞扬的内容更容易让人产生亲密感，乐观的内容更容易让人相信项目的结果。研究表明，项目描述中的情绪对基于内部动机的投资者的影响更有效。因此，建议融资者在项目陈述时针对内部动机特征，如请求帮助、表示感谢或者强调关系等，增加丰富的情感词汇。这样可以增加内部动机特征对融资结果的影响，无论正面的还是负面的情感词汇，都可以发挥作用。同时，平台在吸引投资者时，也应考虑在请求帮助、表示感谢或强调关系等方面，增加更多富有情感的表达。

第 9 章 总结和展望

9.1 全书总结

表 9.1 归纳了本书对众筹市场投资动机研究的假设检验结果。

表 9.1 本书假设检验结果汇总

	假设	检验结果
H4.1	基于物质回报的外部动机对众筹投资者的投资行为有正面影响	支持
H4.2	基于非物质回报的内部动机对众筹投资者的投资行为有正面影响	支持
H4.3	众筹投资者的内部动机比外部动机对投资行为的影响更大	支持
H4.4	众筹投资团队的内部动机比外部动机对投资行为的影响更大	不支持
H5.1	突出回报和折扣的文字描述会激发投资者的投资动机，进而对投资行为产生正面影响	部分支持：技术创新类项目
H5.2a	突出感谢的文字描述会激发投资者的投资动机，进而对投资行为产生正面影响	支持
H5.2b	突出帮助的文字描述会激发投资者的投资动机，进而对投资行为产生正面影响	不支持
H5.3	突出关系建立的文字描述会激发投资者的投资动机，进而对投资行为产生正面影响	部分支持：创意类项目和社会类项目
H5.4	突出限制的文字描述会激发投资者的投资动机，进而对投资行为产生负面影响	不支持
H6.1	更强的自我导向对众筹投资者的投资行为有正面的影响	支持
H6.2	更强的他人导向对众筹投资者的投资行为有正面的影响	支持
H6.3	自我导向比他人导向对众筹投资者的投资行为影响更大	支持
H6.4	有更强的他人导向的投资团队相比其他投资团队有更强的投资意愿	支持
H7.1	关于融资者和融资项目的项目描述对投资者的投资行为产生正面影响	部分支持：社会类项目和技术创新类项目
H7.2	关于投资者的项目描述对投资者的投资行为产生正面影响	部分支持：创意类项目
H7.3a	关于融资者本人的项目描述对投资者的投资行为产生正面影响	部分支持：创意类项目和技术创新类项目
H7.3b	关于融资项目的项目描述对投资者的投资行为产生正面影响	不支持
H8.1	项目描述中的正面情感对投资者的投资行为产生正面影响	不支持
H8.2	项目描述中的负面情感能够增强内部动机特征对投资结果的影响	不支持
H8.3	项目描述中的情感强度越低，外部动机特征对融资结果的影响越大	支持
H8.4	项目描述中的情感强度越高，内部动机特征对融资结果的影响越大	支持

第 4 章探究了内部和外部动机对投资行为的影响。首先，在众筹平台上，投资者存在基于物质回报的外部动机和基于非物质回报的内部动机，而这两种动机均对投资者的投资行为产生正面的影响。可能的原因是，众筹项目吸引投资者的不仅是物质回报，也包括参与项目的乐趣和激情。例如，Kiva 平台在宣传中就强调"支持所有人都有改变命运的能力"。另外，虽然本书假设那些参与投资团队的投资者具有更强的内部动机需求，但实际上，这类投资者却没有表现出更强的内部动机。这说明加入投资团队的用户并没有更多地考虑非物质回报。相反，内部动机显著降低了投资团队的投资行为。由此可见，投资者参与到投资团队的期望与我们的认识有所不同，他们并没有强烈的内部动机，相反，希望投资团队能更少地讨论或涉及内部动机。

第 5 章探究了内部和外部动机线索对融资结果的影响。首先，创意类和社会类的项目描述中，关系类词汇和融资成功率存在相关性，这表明这两类项目的投资者会希望和融资者建立联系。社会类项目通常都是为了建立团队或者协会，因此参与社会类项目的投资者都热衷于加入这些团队；而创意类项目通常是艺术和媒体类的活动，这类项目的投资者也表现出一定的关系需求。其次，感谢类词汇在所有类型的项目描述中都对融资成功率产生了影响。当投资者看到感谢类的词汇时，能够感受到完成了他人所无法完成的任务，并获得了自我成就感。这种成就感能够让投资者感受到其实力的体现，进而激发其内部动机，最终促进投资行为的产生。再次，限制类词汇在创意类项目中与融资成功率存在相关性。尽管限制类词汇降低了自主性，但同时也增强了项目的紧缺性。因此，限制类词汇非但没有降低反而增强了投资者的投资意愿。最后，在回报类的项目描述中，只有技术创新类项目和融资成功率呈正相关。可见，相对于社会类和创意类项目，技术创新类项目的投资者更关注投资回报。同时，本书还发现回报类的项目描述在社会类项目中和融资成功率存在负相关性。这表明社会类项目存在一定的公益性，过分强调回报可能会造成投资者的不信任感。

第 6 章探究了自我和他人导向动机对投资行为的影响。首先，自我导向和他人导向的投资者都对投资行为有正面影响。自我导向的投资者从自己的需求出发，期望受助者直接满足自己的需求。虽然自我导向与投资行为正相关，但是结果显示，他人导向与融资结果的正相关性更为显著。可以认为，相较于自我导向的投资者，他人导向的投资者具有更强的投资动机。其次，投资团队的自我导向并没有对投资行为产生显著影响，但是投资团队的他人导向和投资行为有着更强的相关性。由此可见，频繁参加社交活动或者期望与他人合作的投资者在做投资决策时更加考虑团队或者他人的感受，因此表现出更强的以他人为中心的导向。

第 7 章探究了自我和他人导向动机线索对融资结果的影响。首先，社会类项目描述中的自我导向内容对融资结果有负面影响,而他人导向的项目描述则对融资结果有正面影响,其中项目导向的描述对融资结果有正面影响。社会类项目的投资者具有更强的他人导向特征,并倾向于看到他人的变化。例如,社会类项目的投资者更希望看到这个项目对社会的改变或影响,而对融资者自身的影响不太关注。其次,创意类项目描述中的自我导向内容对融资结果有正面影响,而他人导向的项目内容则对融资结果没有显著影响,但是项目导向的内容描述对融资结果会产生正面影响。创意类项目的投资者具有更强的自我导向特征,并更倾向于看到描述自我的内容。例如,音乐类项目的投资者更关心自己是否可以获得音乐副本或加入歌迷会等。最后,在技术创新类项目描述中,自我导向内容对融资结果没有显著影响,而他人导向的项目描述对融资结果有正面影响。特别是,项目导向的内容描述对融资结果的正面影响更为明显。研究表明,创意类项目的投资者具有更强的他人导向特征,并关注项目的描述信息。例如,新技术类项目的投资者更想看到新产品的新颖性及其对社会的影响。

第 8 章考虑了情感特征的调节作用,以探究动机线索对融资结果的影响。首先,无论正面还是负面情感,对众筹结果均不产生显著影响。通常认为,情感偏向会感染投资者的情绪,从而影响投资行为,但是本书并没有发现这种现象。其次,期望回报的投资者更希望项目描述中包含更多的理性描述和更少的情感内容。正如本书的假设,理性投资者更倾向于客观和理性的描述,而增加情感描述反而会降低这类投资者的投资意愿。最后,研究发现项目描述的情感强度越低,外部动机越容易被刺激;项目描述的情感强度越高,内部动机越容易被刺激。虽然结果显示,情感偏向不会对投资动机产生调节作用,但是情感强度对投资动机仍存在调节作用。因此,针对内部动机和外部动机的项目内容,建议使用对应的情感强度描述方式来增强效果。

9.2　核心结论启示

首先,本书研究了投资者的投资动机和投资行为的关系,将投资动机分为内部动机和外部动机,得到以下结论及启示。

(1)众筹平台可以通过内部动机的驱动来促进投资者的投资行为,同时需考虑不同广告推广对投资者的影响,以确保平台的推广和平台的内部引导一致。

(2)投资团队在招募人员时应针对自身特色进行宣传,不需要特意突出非物质回报的描述。研究表明,过多地强调非物质回报并不能显著增加团队的活跃度和投资行为。同样,众筹平台在吸引投资团队进行投资时,应考虑与投资者的策略有所区别,降低对非物质回报的刺激。

其次，本书分析了项目内容对投资动机的影响，提取刺激外部动机和内部动机的项目描述，并探究文本特征对融资成功率的影响，得到以下结论及启示。

（1）在任何类型的众筹项目中，感谢投资者的行为都是值得鼓励的。为此，众筹平台应该引导融资者增加感谢投资者的内容，或者在项目页面或者投资流程中显示对投资者的感谢以提升众筹平台的融资成功率。

（2）在技术创新类项目中，强调回报的行为对融资结果具有正面影响，但是对其他类别项目没有明显影响。因此，众筹平台可以在技术创新类项目中通过强调回报来吸引投资者的外部动机，而在其他项目中则不必过多强调项目回报。

（3）在社会类和创意类项目中，强调关系的行为对融资结果有正面影响。为此，对于这些项目，众筹平台可以引导融资者提供官方的沟通群或粉丝群等交互方式，从而提升平台的融资成功率。

再次，本书研究了投资者的动机导向和投资行为的关系，将动机导向分为自我导向和他人导向，得到以下结论及启示。

（1）众筹平台应该考虑在营销推广上使用相似的引导内容。在页面设计上，可以考虑使用以融资者为主题的介绍文字。在营销推广上，可以考虑使用以融资者或者项目为主题的推广文字。

（2）为了增加投资者在社群的互动或者增加投资团队的投资行为，众筹平台应该以他人导向的视角宣传项目或者宣传融资者收获的帮助，这种方式可以降低从投资者视角进行描述的倾向，并最大化用户活跃度和投资团队的价值。

然后，本书研究了项目描述的动机导向对融资结果的影响，从动机导向角度将项目描述分为投资者、融资者和融资项目的内容，得到以下结论及启示。

（1）对于社会类项目，建议在项目描述中增加在平台推广下所带来的社会改进情况，以提升投资者的投资意愿。另外，在项目描述中也可以突出项目本身的变化、众筹资金对项目的影响程度或重要程度，以吸引投资者的兴趣。

（2）对于创意类项目，建议在项目描述中突出投资者的价值，如投资者获得的回报或者赞扬。

（3）对于技术创新类项目，建议在项目描述中突出项目本身的创新、项目对社会的影响或众筹资金对项目的重要程度，以此来吸引投资者的兴趣。

最后，本书研究了项目描述中的情感特征对投资动机的影响，提取文本中的情感强度和情感偏向，并分析情感特征对投资动机的调节作用，得到以下结论及启示。

（1）在进行物质回报陈述的时候，建议融资者使用客观的描述，减少自我情绪在文本中的流露。

（2）在进行内部动机特征的陈述时，如请求帮助、感谢投资者或者强调关系等，建议融资者在文本中采用更多的情绪化表达方式。

9.3　后续工作方向

本书尚有诸多有待完善之处。首先，在动机研究方面，改进的方向有以下几点。

（1）众筹市场具有不同类型的回报方式和融资方式，同时众筹参与者也具有多种类型，因此存在多样化的投资原因。本书基于自我决定理论，将动机划分为内部动机和外部动机，从而对众筹市场进行分析。实际上，动机理论有多种研究方向，未来可以尝试其他动机理论，进一步探究更适合众筹市场的动机理论。

（2）基于以往的研究，本书将投资动机归因为外部动机和内部动机，但还有其他可能的投资原因。未来可以尝试交叉理论，如消费行为分析等，深入发掘参与众筹项目的投资原因，为洞察投资动机找到方向。

（3）本书采用文本分析的方法，识别众筹市场的投资动机和动机导向。不同于自我决定理论考虑产生动机的源头是什么，利他主义理论考虑的是产生动机的导向是什么。本书将两者作为不同的维度分别进行研究，并没有讨论投资动机和动机导向之间是否相互影响。实际上，自我导向和他人导向可能和不同的动机存在调节作用。未来可以考虑两者的关系，进而完善众筹市场的投资动机研究框架。

（4）本书以众筹平台上的文本为研究对象，这是因为投资者自述是关于投资者最详细的文本信息，而项目描述则是关于众筹项目最详细的描述信息。这两类文本为我们从投资者和融资者的视角分析动机特征提供了依据。但是，众筹平台还存在其他类型的研究对象，如视频、图片等信息，这些研究对象也能揭示动机特征的线索。所以，未来可以尝试将文本、图片、视频等多模态数据相融合，以发掘更多的动机线索。

其次，在文本分析方面，改进的方向有以下几点。

（1）本书使用了第三方词库和关键词匹配的文本分析方法对投资动机进行分析。主要原因有两点：一方面，第三方词库的效果已经被学者反复验证，第三方词库和关键词匹配方法在动机分析领域被广泛使用，能够尽可能降低研究偏差；另一方面，动机是相对抽象的概念，动机特征的提取有较大的难度，准确性也较难把握。基于上述两方面的考虑，本书使用已经被广泛应用的文本分析方法。但是，文本分析方法也在不断发展，如机器学习、语义分析等。未来可以尝试更多的文本分析方法，从文本信息中提取更准确的动机特征。

（2）本书对投资者自述和项目描述进行分析，这两类文本信息也是众筹平台的主要文本内容。但是，众筹平台还存在其他文本内容会对投资者的动机和行为产生影响。例如，回报选项的文本内容可能会影响投资者的投资金额，评论和更新内容也可能引发投资者的投资行为。未来可以对众筹平台上的其他文本内容进行研究，从中发掘投资者互动行为背后的动机。

（3）本书使用项目描述中的情感特征对投资动机的调节作用进行研究。情感特征是文本挖掘领域的热点，其中隐含着作者的情绪表达。本书发现了情感强度对投资动机的影响作用。除了情感特征以外，文本内容中还包含其他文本特征可能会对投资动机产生调节作用，如修辞方式、说服方式或对比语句等。下一步，可以对多种文本特征和投资者的投资动机的关系进行分析，挖掘不同文本特征对投资动机的影响。

参 考 文 献

冯志伟. 1996. 自然语言的计算机处理[M]. 上海：上海外语教育出版社.

黄卫东，陈凌云，吴美蓉. 2014. 网络舆情话题情感演化研究[J]. 情报杂志，33（1）：102-107.

蒋翠清，梁坤，丁勇，等. 2015. 基于社会媒体的股票行为预测[J]. 中国管理科学，23（1）：17-24.

李常洪，高培霞，韩瑞婧，等. 2014. 消极情绪影响人际信任的线索效应：基于信任博弈范式的检验[J]. 管理科学学报，17（10）：50-59.

陆浩，牛振东，张楠，等. 2014. 基于句法与主题扩展的中文微博情感倾向性分析模型[J]. 北京理工大学学报，34（8）：824-830.

罗云，赵鸣，王振宏. 2014. 初中生感知教师自主支持对学业倦怠的影响：基本心理需要、自主动机的中介作用[J]. 心理发展与教育，30（3）：312-321.

史伟，王洪伟，何绍义. 2015. 基于微博情感分析的电影票房预测研究[J]. 华中师范大学学报（自然科学版），49（1）：66-72.

王洪伟，郑丽娟，尹裴，等. 2013. 基于句子级情感的中文网络评论的情感极性分类[J]. 管理科学学报，16（9）：64-74.

杨佳能，阳爱民，周咏梅. 2014. 基于语义分析的中文微博情感分类方法[J]. 山东大学学报（理学版），49（11）：14-21，30.

张剑，宋亚辉，刘肖. 2016. 削弱效应是否存在：工作场所中内外动机的关系[J]. 心理学报，48（1）：73-83.

Agrawal A，Catalini C，Goldfarb A. 2015. Crowdfunding：Geography，social networks，and the timing of investment decisions[J]. Journal of Economics & Management Strategy，24（2）：253-274.

Ahlers G K C，Cumming D，Günther C，et al. 2015. Signaling in equity crowdfunding[J]. Entrepreneurship Theory and Practice，39（4）：955-980.

Allison T H，Davis B C，Short J C，et al. 2015. Crowdfunding in a prosocial microlending environment：Examining the role of intrinsic versus extrinsic cues[J]. Entrepreneurship Theory and Practice，39（1）：53-73.

Allison T H，Davis B C，Webb J W，et al. 2017. Persuasion in crowdfunding：An elaboration likelihood model of crowdfunding performance[J]. Journal of Business Venturing，32（6）：707-725.

Alpers G W，Winzelberg A J，Classen C，et al. 2005. Evaluation of computerized text analysis in an Internet breast cancer support group[J]. Computers in Human Behavior，21（2）：361-376.

An J S，Quercia D，Crowcroft J. 2014. Recommending investors for crowdfunding projects[C]// Proceedings of the 23rd International Conference on World Wide Web，Seoul：261-270.

Anandarajan M，Hill C，Nolan T. 2019. Latent semantic analysis（LSA）in Python[A]// Practical Text Analytics. Cham：Springer：221-242.

Anderson D R, Sweeney D J, Williams T A. 1990.Statistics for Business and Economics[M]. New York: South-Western College.

Anderson K B, Saxton G D. 2016.Smiles, babies, and status symbols: The persuasive effects of image choices in small-entrepreneur crowdfunding requests[J]. International Journal of Communication, 10: 1764-1785.

Andreoni J. 1990. Impure altruism and donations to public goods: A theory of warm-glow giving[J]. The Economic Journal, 100 (401): 464-477.

Aprilia L, Wibowo S S. 2017.The impact of social capital on crowdfunding performance[J]. South East Asian Journal of Management, 11 (1): 44-57.

Baard P P, Deci E L, Ryan R M. 2004. Intrinsic need satisfaction: A motivational basis of performance and weil-being in two work settings[J]. Journal of Applied Social Psychology, 34 (10): 2045-2068.

Bagheri A, Chitsazan H, Ebrahimi A. 2019. Crowdfunding motivations: A focus on donors' perspectives[J]. Technological Forecasting and Social Change, 146: 218-232.

Balahur A, Mihalcea R, Montoyo A. 2014. Computational approaches to subjectivity and sentiment analysis: Present and envisaged methods and applications[J]. Computer Speech & Language, 28 (1): 1-6.

Bantum E O, Owen J E.2009. Evaluating the validity of computerized content analysis programs for identification of emotional expression in cancer narratives[J]. Psychological Assessment, 21(1): 79-88.

Barak A, Gluck-Ofri O. 2007. Degree and reciprocity of self-disclosure in online forums[J]. Cyber Psychology & Behavior, 10 (3): 407-417.

Barbi M, Bigelli M. 2017. Crowdfunding practices in and outside the US[J]. Research in International Business and Finance, 42: 208-223.

Batson C D, Ahmad N, Tsang J A. 2002. Four motives for community involvement[J]. Journal of Social Issues, 58 (3): 429-445.

Belleflamme P, Lambert T, Schwienbacher A. 2014. Crowdfunding: Tapping the right crowd[J]. Journal of Business Venturing, 29 (5): 585-609.

Benjamin G A, Margulis J. 2000. Angel Financing: How to Find and Invest in Private Equity[M]. New York: John Wiley.

Bernard A, Gazel M. 2017. Backing a crowdfunding project: A risky contribution? An experimental study[J]. Revue Economique, 68 (5): 875-894.

Bharti K K, Singh P K. 2015. Hybrid dimension reduction by integrating feature selection with feature extraction method for text clustering[J]. Expert Systems with Applications, 42 (6): 3105-3114.

Bi S, Liu Z Y, Usman K. 2017. The influence of online information on investing decisions of reward-based crowdfunding[J]. Journal of Business Research, 71: 10-18.

Block J, Hornuf L, Moritz A. 2018. Which updates during an equity crowdfunding campaign increase crowd participation?[J]. Small Business Economics, 50 (1): 3-27.

Bradford C S.2012. Crowdfunding and the federal securities laws[J]. Columbia Business Law

Review：1-150.

Brüggen E，Wetzels M，Ruyter D K，et al. 2011.Individual differences in motivation to participate in online panels：The effect on response rate and response quality perceptions[J]. International Journal of Market Research，53：2-18.

Bürger T，Kleinert S. 2021. Crowdfunding cultural and commercial entrepreneurs：An empirical study on motivation in distinct backer communities[J]. Small Business Economics，57（2）：667-683.

Burkett E. 2011. A crowdfunding exemption？Online investment crowdfunding and U.S. securities regulation[J]. Transactions：the Tennessee Journal of Business Law，13：63.

Burtch G，Ghose A，Wattal S. 2014. Cultural differences and geography as determinants of online prosocial lending[J]. MIS Quarterly，38（3）：773-794.

Butticè V，Colombo M G，Wright M. 2017. Serial crowdfunding，social capital，and project success[J]. Entrepreneurship Theory and Practice，41（2）：183-207.

Capecelatro M R，Sacchet M D，Hitchcock P F，et al. 2013. Major depression duration reduces appetitive word use：An elaborated verbal recall of emotional photographs[J]. Journal of Psychiatric Research，47（6）：809-815.

Ceyhan S，Shi X L，Leskovec J. 2011. Dynamics of bidding in a P2P lending service：Effects of herding and predicting loan success[C]//Proceedings of the 20th International Conference on World Wide Web，Hyderabad：547-556.

Chang H J，Eckman M，Yan R N. 2011. Application of the Stimulus-Organism-Response model to the retail environment：The role of hedonic motivation in impulse buying behavior[J]. The International Review of Retail，Distribution and Consumer Research，21（3）：233-249.

Chen C C，Chen Z Y，Wu C Y. 2012. An unsupervised approach for person name bipolarization using principal component analysis[J]. IEEE Transactions on Knowledge and Data Engineering，24（11）：1963-1976.

Chen J Y，Qiu L，Ho M H R. 2020. A meta-analysis of linguistic markers of extraversion：Positive emotion and social process words[J]. Journal of Research in Personality，89：104035.

Chishti S. 2016. How Peer to Peer Lending and Crowdfunding Drive the FinTech Revolution in the UK[M]. Berlin：Springer：55-68.

Chiu P. 2009.Looking Beyond Profit：Small Shareholders and the Values Imperative[M]. London：Routledge.

Cho M，Lemon L L，Levenshus A，et al. 2019. Current students as university donors？：Determinants in college students' intentions to donate and share information about university crowdfunding efforts[J]. International Review on Public and Nonprofit Marketing，16：23-41.

Choi J D，Tetreault J，Stent A. 2015. It depends: Dependency parser comparison using a Web-based evaluation tool[C].Proceedings of the 53rd Annual Meeting of the Association for Computational Linguistics and the 7th International Joint Conference on Natural Language Processing，Beijing:387-396.

Cholakova M，Clarysse B. 2015. Does the possibility to make equity investments in crowdfunding projects crowd out reward-based investments？[J]. Entrepreneurship Theory and Practice，39（1）：145-172.

Chung C K, Pennebaker J W. 2011.Linguistic inquiry and word count（LIWC）: Pronounced "Luke" and other useful facts[J]. Applied Natural Language Processing: Identification, Investigation and Resolution: 206-229.

Cohen J. 1960. A coefficient of agreement for nominal scales[J]. Educational and Psychological Measurement, 20（1）: 37-46.

Collins L, Pierrakis Y. 2012.The Venture Crowd: Crowdfunding Equity Investment into Business[M]. London: Nesta.

Conti A, Thursby M, Rothaermel F T. 2013. Show me the right stuff: Signals for high-tech startups[J]. Journal of Economics & Management Strategy, 22（2）: 341-364.

Courtney C, Dutta S, Li Y. 2017. Resolving information asymmetry: Signaling, endorsement, and crowdfunding success[J]. Entrepreneurship Theory and Practice, 41（2）: 265-290.

Cox J, Nguyen T, Kang S M. 2018. The kindness of strangers? An investigation into the interaction of funder motivations in online crowdfunding campaigns[J]. Kyklos, 71（2）: 187-212.

Dai H C, Zhang D J. 2019. Prosocial goal pursuit in crowdfunding: Evidence from Kickstarter[J]. Journal of Marketing Research, 56（3）: 498-517.

Danmayr F. 2013.Archetypes of Crowdfunding Platforms: A Multidimensional Comparison[M]. Berlin: Springer.

Davis B C, Hmieleski K M, Webb J W, et al. 2017. Funders' positive affective reactions to entrepreneurs' crowdfunding pitches: The influence of perceived product creativity and entrepreneurial passion[J]. Journal of Business Venturing, 32（1）: 90-106.

Debby T, Purwanegara M S, Aprianingsih A. 2019. A preliminary study on the motivation of funders for crowdfunding[J]. Indonesian Journal of Business and Entrepreneurship, 5（3）: 242.

Deci E L, Ryan R M. 1985.Intrinsic Motivation and Self-Determination in Human Behavior[M]. New York: Plenum.

Deci E L, Ryan R M. 2000. The "what" and "why" of goal pursuits: Human needs and the self-determination of behavior[J]. Psychological Inquiry, 11（4）: 227-268.

Dey S, Karahalios K, Fu W T. 2017. Understanding the effects of endorsements in scientific crowdfunding[C]//Proceedings of the 2017 CHI Conference on Human Factors in Computing Systems, Denver: 2376-2381.

Du P, Xu L, Qiao X, et al. 2017.Post-crowdfunding in reward-based crowdfunding with strategic purchasing consideration[C]// Proceedings of 2017 14th International Conference on Services Systems and Services Management, Dalian: 1-4.

Duarte J, Siegel S, Young L. 2012. Trust and credit: The role of appearance in peer-to-peer lending[J]. Review of Financial Studies, 25（8）: 2455-2484.

Ecker F, Spada H, Hahnel U J J. 2018. Independence without control: Autarky outperforms autonomy benefits in the adoption of private energy storage systems[J]. Energy Policy, 122: 214-228.

Eeds D, DeCarolis D M, Chaganti R. 1995. Predictors of capital structure in small ventures[J]. Entrepreneurship Theory and Practice, 20（2）: 7-18.

Eid M, Diener E. 2006.Handbook of multimethod measurement in psychology[J]. American Psychological Association: 141-156.

Eisenberger R，Armeli S. 1997. Can salient reward increase creative performance without reducing intrinsic creative interest？[J]. Journal of Personality and Social Psychology，72（3）：652-663.

Fehr E，Fischbacher U. 2003. The nature of human altruism[J]. Nature，425（6960）：785-791.

Fisher R. 1954. The analysis of variance with various binomial transformations[J]. Biometrics，10（1）：130-139.

Forbes H，Schaefer D. 2017.Guidelines for successful crowdfunding[J]. Complex Systems Engineering and Development，60：398-403.

Gao Q，Lin M. 2013. Linguistic features and peer-to-peer loan quality：A machine learning approach[J]. SSRN Electronic Journal.

Gaston J，Narayanan M，Dozier G，et al. 2018. Authorship attribution vs. adversarial authorship from a LIWC and sentiment analysis perspective[J]. IEEE Symposium Series on Computational Intelligence：920-927.

Gerber E，Hui J. 2013.Crowdfunding：Motivations and deterrents for participation[J]. ACM Transactions on Computer-Human Interaction，20（6）：1-32.

Giudici G，Guerini M，Rossi-Lamastra C. 2018. Reward-based crowdfunding of entrepreneurial projects：The effect of local altruism and localized social capital on proponents' success[J]. Small Business Economics，50（2）：307-324.

Goering E，Connor U M，Nagelhout E，et al. 2011. Persuasion in fundraising letters：An interdisciplinary study[J]. Nonprofit and Voluntary Sector Quarterly，40（2）：228-246.

Golder S A，Macy M W. 2011. Diurnal and seasonal mood vary with work，sleep，and daylength across diverse cultures[J]. Science，333（6051）：1878-1881.

Gottschalk L A. 2000. The application of computerized content analysis of natural language in psychotherapy research now and in the future[J]. American Journal of Psychotherapy，54（3）：305-311.

Greenberg J，Mollick E. 2017. Activist choice homophily and the crowdfunding of female founders[J]. Administrative Science Quarterly，62（2）：341-374.

Greenberg M D，Pardo B，Hariharan K，et al. 2013. Crowdfunding support tools：Predicting success & failure[C]//Proceedings CHI 2013 Extended Abstracts on Human Factors in Computing Systems，Paris：1815-1820.

Guo J L，Peng J E，Wang H C. 2013. An opinion feature extraction approach based on a multidimensional sentence analysis model[J]. Cybernetics and Systems，44（5）：379-401.

Hancock J T，Curry L E，Goorha S，et al. 2007. On lying and being lied to：A linguistic analysis of deception in computer-mediated communication[J]. Discourse Processes，45（1）：1-23.

Hemer J. 2011. A snapshot on crowdfunding[R]. Working Papers Firms and Region.

Herrero Á，Hernández-Ortega B，San Martín H. 2020. Potential funders' motivations in reward-based crowdfunding. The influence of project attachment and business viability[J]. Computers in Human Behavior，106：106240.

Herzenstein M，Dholakia U M，Andrews R L. 2011a. Strategic herding behavior in peer-to-peer loan auctions[J]. Journal of Interactive Marketing，25（1）：27-36.

Herzenstein M，Sonenshein S，Dholakia U M. 2011b. Tell me a good story and I may lend You money: The role of narratives in peer-to-peer lending decisions[J]. Journal of Marketing Research, 48 (SPL): S138-S149.

Hirsh J B, Peterson J B. 2009. Personality and language use in self-narratives[J]. Journal of Research in Personality, 43 (3): 524-527.

Hirth M, Hoßfeld T, Tran-Gia P. 2013. Analyzing costs and accuracy of validation mechanisms for crowdsourcing platforms[J]. Mathematical and Computer Modelling, 57 (11/12): 2918-2932.

Hoffman M L. 1981. Is altruism part of human nature? [J]. Journal of Personality and Social Psychology, 40 (1): 121-137.

Hornuf L, Schwienbacher A. 2017. Should securities regulation promote equity crowdfunding? [J]. Small Business Economics, 49 (3): 579-593.

Hu B, Fan J, Zhen W, et al. 2015.Advances in computational psychophysiology[J]. Science, 350 (6256): 114.

Hull C L. 1943. Principles of Behavior, an Introduction to Behavior Theory[M]. New York: D. Appleton-Century Company.

Jancenelle V E, Javalgi R G, Cavusgil E. 2018. The role of economic and normative signals in international prosocial crowdfunding: An illustration using market orientation and psychological capital[J]. International Business Review, 27 (1): 208-217.

Ji Q H, Raney A A. 2020. Developing and validating the self-transcendent emotion dictionary for text analysis[J]. PLoS One, 15 (9): e0239050.

Jian L A, Shin J. 2015. Motivations behind donors' contributions to crowdfunded journalism[J]. Mass Communication and Society, 18 (2): 165-185.

Jiang C X, Han R R, Xu Q F, et al. 2020. The impact of soft information extracted from descriptive text on crowdfunding performance[J]. Electronic Commerce Research and Applications, 43: 101002.

Kacewicz E, Pennebaker J W, Davis M, et al. 2014. Pronoun use reflects standings in social hierarchies[J]. Journal of Language and Social Psychology, 33 (2): 125-143.

Kahn J H, Tobin R M, Massey A E, et al. 2007. Measuring emotional expression with the linguistic inquiry and word count[J]. The American Journal of Psychology, 120 (2): 263.

Kanayama H, Nasukawa T. 2012. Unsupervised lexicon induction for clause-level detection of evaluations[J]. Natural Language Engineering, 18 (1): 83-107.

Kaplan S N, Sensoy B A, Strömberg P. 2009. Should investors bet on the jockey or the horse? Evidence from the evolution of firms from early business plans to public companies[J]. The Journal of Finance, 64 (1): 75-115.

Kaur H, Gera J. 2017. Effect of social media connectivity on success of crowdfunding campaigns[J]. Procedia Computer Science, 122: 767-774.

Kickstarter. Kickstarter statistic [EB/OL]. [2023-6-14]. https://www.kickstarter.com/help/stats?ref = global-footer.

Kim H S, Kim Y, Chong K W, et al. 2019a.A study of the factors affecting the intention to use of real estate crowdfunding[J]. Journal of Information Technology Services, 18 (1): 13-26.

Kim J, Lennon S. 2013. Effects of reputation and website quality on online consumers' emotion, perceived risk and purchase intention[J]. Journal of Research in Interactive Marketing，7：33-56.

Kim K，Lee J. 2014. Sentiment visualization and classification via semi-supervised nonlinear dimensionality reduction[J]. Pattern Recognition，47（2）：758-768.

Kim M J，Bonn M，Lee C K. 2019b.The effects of motivation，deterrents，trust，and risk on tourism crowdfunding behavior[J]. Asia Pacific Journal of Tourism Research，25（3）：244-260.

Korsgaard M A，Meglino B M，Lester S W. 1997. Beyond helping：Do other-oriented values have broader implications in organizations？[J]. Journal of Applied Psychology，82（1）：160-177.

Krebs J R，Davies N B. 1993.An Introduction to Behavioral Ecology[M]. Oxford：Blackwel.

Kunz M M，Bretschneider U，Erler M，et al. 2017. An empirical investigation of signaling in reward-based crowdfunding[J]. Electronic Commerce Research，17（3）：425-461.

Kuppuswamy V，Bayus B L. 2013. Crowdfunding creative ideas：The dynamics of project backers in Kickstarter[J]. SSRN Electronic Journal：1-49.

Kuppuswamy V，Bayus B L. 2017. Does my contribution to your crowdfunding project matter？[J]. Journal of Business Venturing，32（1）：72-89.

Lambert T，Schwienbacher A. 2010. An empirical analysis of crowdfunding[J]. Social Science Research Network：1-23.

Langley P，Leyshon A. 2017. Capitalizing on the crowd：The monetary and financial ecologies of crowdfunding[J]. Environment and Planning A：Economy and Space，49（5）：1019-1039.

Latysheva A. 2017. Not just a business：The social components of Russian crowdfunding[J]. Journal of Social Policy Studies，15（4）：660-668.

Lepper M R，Greene D，Nisbett R E. 1973. Undermining children's intrinsic interest with extrinsic reward：A test of the "overjustification" hypothesis[J]. Journal of Personality and Social Psychology，28（1）：129-137.

Levesque C，Pelletier L G. 2003. On the investigation of primed and chronic autonomous and heteronomous motivational orientations[J]. Personality and Social Psychology Bulletin，29（12）：1570-1584.

Li G，Wang J. 2019. Threshold effects on backer motivations in reward-based crowdfunding[J]. Journal of Management Information Systems，36（2）：546-573.

Li J J，Chen X P，Kotha S，et al. 2017. Catching fire and spreading it：A glimpse into displayed entrepreneurial passion in crowdfunding campaigns[J]. The Journal of Applied Psychology，102（7）：1075-1090.

Lin Y S，Lee W C，Chang C C H. 2016. Analysis of rewards on reward-based crowdfunding platforms[C]//2016 IEEE/ACM International Conference on Advances in Social Networks Analysis and Mining（ASONAM），San Francisco：501-504.

Loizou G，Karageorghis C I. 2015. Effects of psychological priming，video，and music on anaerobic exercise performance[J]. Scandinavian Journal of Medicine & Science in Sports，25（6）：909-920.

Lukkarinen A，Wallenius J，Seppälä T. 2019. Investor motivations and decision criteria in equity crowdfunding[J]. Social Science Electronic Publishing.

Mairesse F，Walker M A，Mehl M R，et al. 2007. Using linguistic cues for the automatic recognition of personality in conversation and text[J]. Journal of Artificial Intelligence Research, 30: 457-500.

Marom D, Sade O.2013. Are the life and death of an early stage venture indeed in the power of the tongue? Lessons from online crowdfunding pitches[J]. SSRN: 1-61.

Marquardt D W, Snee R D. 1975. Ridge regression in practice[J]. The American Statistician, 29 (1): 3-20.

Martens M L, Jennings J E, Jennings P D. 2007. Do the stories they tell get them the money they need？ The role of entrepreneurial narratives in resource acquisition[J]. Academy of Management Journal, 50 (5): 1107-1132.

Mason C M, Rogers A. 1997. The business angel's investment decision: An exploratory analysis[A]// Deakins D, Jennings P, Mason C. Entrepreneurship in the 1990s. London: Paul Chapman Publishing: 29-46.

Mason C M, Harrison R T. 2008. Measuring business angel investment activity in the United Kingdom: A review of potential data sources[J]. Venture Capital, 10 (4): 309-330.

Massolution. 2015. CF crowdfunding industry report[R]. Massolution Company.

McDonnell M, Owen J E, Bantum E O. 2020.Identification of emotional expression with cancer survivors: Validation of linguistic inquiry and word count[J]. JMIR Form Research, 4 (10): e18246.

McHaney R, Tako A, Robinson S. 2018. Using LIWC to choose simulation approaches: A feasibility study[J]. Decision Support Systems, 111: 1-12.

Mehl M R, Eid M, Diener E. 2006.Handbook of multimethod measurement in psychology[J]. American Psychological Association: 141-156.

Mehl M R, Robbins M, Holleran E. 2013.How taking a word for a word can be problematic: Context-dependent linguistic markers of extraversion and neuroticism[J]. Journal of Methods and Measurement in the Social Sciences, 3: 30-50.

Mehlenbacher A R. 2017. Crowdfunding science: Exigencies and strategies in an emerging genre of science communication[J]. Technical Communication Quarterly, 26 (2): 127-144.

Mehrabian A, Russell J A. 1974. An Approach to Environmental Psychology[M]. Cambridge: The MIT Press.

Miller G A. 1995.WordNet: A lexical database for English[J]. Communications of the ACM, 50 (1): 129-139.

Mitra D. 2012. The role of crowdfunding in entreprenerial finance[J]. Delhi Business Review, 13 (2): 67-72.

Mitra T, Gilbert E. 2014. The language that gets people to give: Phrases that predict success on Kickstarter[C]// Proceedings of the 17th ACM Conference on Computer Supported Cooperative Work and Social Computing, Baltimore: 49-61.

Mohammadi A, Shafi K. 2018. Gender differences in the contribution patterns of equity-crowdfunding investors[J]. Small Business Economics, 50 (2): 275-287.

Mokhtarrudin A, Masrurah I M K, Muhamad S C R. 2017.Crowdfunding as a funding opportunity for youth start-ups in Malaysia[J]. Pertanika Journal of Social Science and Humanities, 25: 139-153.

Mollick E. 2014. The dynamics of crowdfunding: An exploratory study[J]. Journal of Business Venturing，29（1）：1-16.

Moy N，Chan H F，Torgler B. 2018. How much is too much? The effects of information quantity on crowdfunding performance[J]. PLoS One，13（3）：e0192012.

Muda R，Kicia M，Michalak-Wojnowska M，et al. 2018. The dopamine receptor D4 gene（DRD4）and financial risk-taking: Stimulating and instrumental risk-taking propensity and motivation to engage in investment activity[J]. Frontiers in Behavioral Neuroscience，12：34.

Muniz A M，O'Guinn T C. 2001.Brand community[J]. Journal of Consumer Research，27：412-432.

Nair A S，Ladha R. 2014. Determinants of non-economic investment goals among Indian investors[J]. Corporate Governance，14（5）：714-727.

Newman M L，Groom C J，Handelman L D，et al. 2008. Gender differences in language use: An analysis of 14，000 text samples[J]. Discourse Processes，45（3）：211-236.

Palacios-González M M，Chamorro-Mera A. 2018. Analysis of the predictive variables of the intention to invest in a socially responsible manner[J]. Journal of Cleaner Production，196：469-477.

Paltoglou G，Thelwall M. 2012.Twitter，MySpace，Digg: Unsupervised sentiment analysis in social media[J]. ACM Transactions on Intelligent Systems and Technology，3（4）：1-19.

Parhankangas A，Renko M. 2017. Linguistic style and crowdfunding success among social and commercial entrepreneurs[J]. Journal of Business Venturing，32（2）：215-236.

Park E J，Kim E Y，Forney J C. 2006. A structural model of fashion-oriented impulse buying behavior[J]. Journal of Fashion Marketing and Management，10（4）：433-446.

Paulet R E，Relano F. 2017.Exploring the determinants of crowdfunding: The influence of the banking system[J]. Strategic Change-Briefings in Entrepreneurial Finance，26（2）：175-191.

Pennebaker J W. 2017. Mind mapping: Using everyday language to explore social & psychological processes[J]. Procedia Computer Science，118：100-107.

Pennebaker J W，Boyd R L，Jordan K，et al. 2015.The Development and Psychometric Properties of LIWC2015[M]. Austin: University of Texas.

Pennebaker J W，Chung C K，Frazee J，et al. 2014. When small words foretell academic success: The case of college admissions essays[J]. PLoS One，9（12）：e115844.

Pennebaker J W，Francis M E. 1996. Cognitive，emotional，and language processes in disclosure[J]. Cognition and Emotion，10（6）：601-626.

Pennebaker J W，Mehl M R，Niederhoffer K G. 2003. Psychological aspects of natural language use: Our words，our selves[J]. Annual Review of Psychology，54：547-577.

Persky J. 1995. Retrospectives: The ethology of Homo economicus[J]. Journal of Economic Perspectives，9（2）：221-231.

Petersen A M. 2011.Agile Marketing[M]. Berkeley: Apress.

Petri H L，Govern J M. 2004.Motivation: Theory，Research，and Application[M]. Cambridge: Wadsworth.

Pierrakis Y. 2019. Peer-to-peer lending to businesses: Investors' characteristics，investment criteria and motivation[J]. The International Journal of Entrepreneurship and Innovation，20（4）：

239-251.

Pietraszkiewicz A，Soppe B，Formanowicz M. 2017. Go pro bono prosocial language as a success factor in crowdfunding[J]. Social Psychology，48（5）：265-278.

Planells A J. 2017.Video games and the crowdfunding ideology: From the gamer-buyer to the prosumer-investor[J]. Journal of Consumer Culture，2017，17（3）：620-638.

Pope N D. 2010.Crowdfunding microstartups: It's time for the securities and exchange commission to approve a small offering exemption[J]. University of Pennsylvania Journal of International Law，13：973.

Popescul D，Radu L D，Păvăloaia V D，et al. 2020. Psychological determinants of investor motivation in social media-based crowdfunding projects: A systematic review[J]. Frontiers in Psychology，2020，11：588121.

Post S G. 2002. Altruism & Altruistic Love: Science，Philosophy，& Religion in Dialogue[M]. New York: Oxford University Press.

Proyer R T，Brauer K. 2018. Exploring adult playfulness: Examining the accuracy of personality judgments at zero-acquaintance and an LIWC analysis of textual information[J]. Journal of Research in Personality，73：12-20.

Rakesh V，Lee W C，Reddy C K. 2016.Probabilistic group recommendation model for crowdfunding domains[C]// Proceedings of the Ninth ACM International Conference on Web Search and Data Mining: 257-266.

Ratelle C F，Baldwin M W，Vallerand R J. 2005. On the cued activation of situational motivation[J]. Journal of Experimental Social Psychology，41（5）：482-487.

Rau H A. 2015. The disposition effect in team investment decisions: Experimental evidence[J]. Journal of Banking & Finance，61：272-282.

Reyhanloo T，Baumgärtner S，Haeni M，et al. 2018. Private-sector investor's intention and motivation to invest in Land Degradation Neutrality[J]. PLoS One，13（12）：e0208813.

Rhue L，Robert L P. 2018.Emotional delivery in pro-social crowdfunding success[C]// Proceedings of the 2018 CHI Conference on Human Factors in Computing Systems, Montreal: 1-6.

Rivas R C. 2017.How I learned to stop worrying and love crowdfunding[J]. SSRN.

Rivoli P. 1995. Ethical aspects of investor behavior[J]. Journal of Business Ethics，14（4）：265-277.

Robinson R L，Navea R，Ickes W. 2013. Predicting final course performance from students' written self-introductions[J]. Journal of Language and Social Psychology，32（4）：469-479.

Roma P，Petruzzelli A M，Perrone G. 2017. From the crowd to the market: The role of reward-based crowdfunding performance in attracting professional investors[J]. Research Policy，46（9）：1606-1628.

Rude S，Gortner E M，Pennebaker J. 2004. Language use of depressed and depression-vulnerable college students[J]. Cognition & Emotion，18（8）：1121-1133.

Ryu S，Kim Y G. 2018. Money is not everything: A typology of crowdfunding project creators[J]. The Journal of Strategic Information Systems，27（4）：350-368.

Ryu S，Park J，Kim K，et al. 2020. Reward versus altruistic motivations in reward-based crowdfunding[J]. International Journal of Electronic Commerce，24（2）：159-183.

Salton G，Wong A，Yang C S. 1975. A vector space model for automatic indexing[J]. Communications of the ACM，18（11）：613-620.

Sayim M，Morris P D，Rahman H. 2013. The effect of US individual investor sentiment on industry-specific stock returns and volatility[J]. Review of Behavioral Finance，5（1）：58-76.

Schultheiss O C. 2013. Are implicit motives revealed in mere words? Testing the marker-word hypothesis with computer-based text analysis[J]. Frontiers in Psychology，4：748.

Schwartz H A，Eichstaedt J C，Kern M L，et al. 2013. Personality，gender，and age in the language of social media：The open-vocabulary approach[J]. PLoS One，8（9）：e73791.

Schwienbacher A，Larralde B. 2010. Crowdfunding of Small Entrepreneurial Ventures[M]. New York：Oxford University Press.

Sell J，Farreras I G. 2017. LIWC-ing at a century of introductory college textbooks：Have the sentiments changed？ [J]. Procedia Computer Science，118：108-112.

Seppey M，Ridde V，Touré L，et al. 2017. Donor-funded project's sustainability assessment：A qualitative case study of a results-based financing pilot in Koulikoro region，Mali[J]. Globalization and Health，13（1）：1-15.

Sexton J B，Helmreich R L. 2000. Analyzing cockpit communications：The links between language，performance，error，and workload[J]. Journal of Human Performance in Extreme Environments，5（1）：6.

Short J C，Jr Ketchen D J，McKenny A F，et al. 2017. Research on crowdfunding：Reviewing the （very recent）past and celebrating the present[J]. Entrepreneurship Theory and Practice，41（2）：149-160.

Slatcher R B，Vazire S，Pennebaker J W. 2008. Am "I" more important than "we"？ Couples' word use in instant messages[J]. Personal Relationships，15（4）：407-424.

Sorenson O，Stuart T E. 2005.The evolution of venture capital investment networks[J]. Federal Reserve Bank of Atlanta，1936：1-47.

Steigenberger N. 2017. Why supporters contribute to reward-based crowdfunding[J]. International Journal of Entrepreneurial Behavior & Research，23（2）：336-353.

Steinberg D. 2012.The Kickstarter Handbook：Real-Life Success Stories of Artists，Inventors，and Entrepreneurs[M]. Philadelphia：Quirk Books.

Stemler A R. 2013. The JOBS Act and crowdfunding：Harnessing the power—and money—of the masses[J]. Business Horizons，56（3）：271-275.

Stukas A A，Snyder M，Clary E G. 2015.Volunteerism and Community Involvement：Antecedents，Experiences，and Consequences for the Person and the Situation[M]. New York：Oxford University Press.

Summers B，Duxbury D. 2012. Decision-dependent emotions and behavioral anomalies[J]. Organizational Behavior and Human Decision Processes，118（2）：226-238.

Sung S Y，Choi J N. 2018. Effects of training and development on employee outcomes and firm innovative performance：Moderating roles of voluntary participation and evaluation[J]. Human Resource Management，57（6）：1339-1353.

Sutter M. 2007. Are teams prone to myopic loss aversion？ An experimental study on individual versus team investment behavior[J]. Economics Letters，97（2）：128-132.

Syah T A，Nurhayaty A，Apriyanto S. 2021. Computerized text analysis on self-description text to get student's prevailing，confidence，and drives[J]. Journal of Physics：Conference Series，1764（1）：012056.

Szczepan K. 2021.Backers' motivations in sports clubs reward-based crowdfunding campaigns[J]. Journal of Physical Education and Sport，21（2）：1165-1171.

Tausczik Y R，Pennebaker J W. 2010. The psychological meaning of words：LIWC and computerized text analysis methods[J]. Journal of Language and Social Psychology，29（1）：24-54.

Tep S P，Sénécal S，Courtemanche F，et al.2017. Equity crowdfunding and the online investors' risk perception：A co-created list of web design guidelines for optimizing the user experience[A]// Managing Complexity. Cham：Springer：301-311.

Titmuss R. 1970. Gift Relationships from Human Blood to Social Policy[M]. London：George Allen Press.

Tomczak A，Brem A. 2013. A conceptualized investment model of crowdfunding[J]. Venture Capital，15（4）：335-359.

Tumasjan A，Sprenger T O，Sandner P G，et al. 2011. Election forecasts with Twitter：How 140 characters reflect the political landscape[J]. Social Science Computer Review，29（4）：402-418.

Voorbraak K J M.2011. Crowdfunding for Financing New Ventures：Consequences of the Financial Model on Operational Decisions[M]. Eindhoven：Eindhoven University of Technology.

Walker D O，Yip J. 2018. Paying it forward？The mixed effects of organizational inducements on executive mentoring[J]. Human Resource Management，57（5）：1189-1203.

Wang H W，Yin P，Zheng L J，et al. 2014. Sentiment classification of online reviews：Using sentence-based language model[J]. Journal of Experimental & Theoretical Artificial Intelligence，26（1）：13-31.

Wang N X，Li Q X，Liang H G，et al. 2018a. Understanding the importance of interaction between creators and backers in crowdfunding success[J]. Electronic Commerce Research and Applications，27：106-117.

Wang W，Zhu K，Wang H W，et al. 2017a. The impact of sentiment orientations on successful crowdfunding campaigns through text analytics[J]. IET Software，11（5）：229-238.

Wang W M，Li Z，Liu L，et al. 2018b. Mining of affective responses and affective intentions of products from unstructured text[J]. Journal of Engineering Design，29（7）：404-429.

Wang X，Wang H，Zhao Y. 2017b. Is entrepreneur's photo a crucial element in a crowdfunding webpage[C]// Proceedings of the Second International Conference on Economic and Business Management，Shanghai：14-20.

Wang Z，Li H，Law R. 2017c.Determinants of tourism crowdfunding performance：An empirical study[J]. Tourism Analysis，22（3）：323-336.

Wasiuzzaman S，Chong L L，Hway-Boon O，et al. 2021. Examination of the motivations for equity-based crowdfunding in an emerging market[J]. Journal of Theoretical and Applied Electronic Commerce Research，16（2）：87-103.

Wheat R E，Wang Y W，Byrnes J E，et al. 2013. Raising money for scientific research through crowdfunding[J]. Trends in Ecology & Evolution，28（2）：71-72.

Wu Y C，Chang W H，Yuan C H. 2015. Do Facebook profile pictures reflect user's personality?[J]. Computers in Human Behavior，53：880-889.

Xiang D D，Zhang L N，Tao Q Y，et al. 2019. Informational or emotional appeals in crowdfunding message strategy：An empirical investigation of backers' support decisions[J]. Journal of the Academy of Marketing Science，47（6）：1046-1063.

Xiao S S，Yue Q. 2018. Investors' inertia behavior and their repeated decision-making in online reward-based crowdfunding market[J]. Decision Support Systems，111：101-112.

Xu A B，Yang X，Rao H M，et al. 2014. Show me the money！：An analysis of project updates during crowdfunding campaigns[C]//Proceedings of the SIGCHI Conference on Human Factors in Computing Systems，Toronto：591-600.

Xu D Q，Ge M Y. 2017. Equity-based crowdfunding in China：Beginning with the first crowdfunding financing case[J]. Asian Journal of Law and Society，4（1）：81-107.

Yi R. 2006. Motivation of Chinese investment in Vietnam[J]. Chinese Geographical Science，16（1）：41-47.

Zeelenberg M，Nelissen R M A，Breugelmans S M，et al. 2008. On emotion specificity in decision making：Why feeling is for doing[J]. Judgment and Decision Making，3（1）：18-27.

Zhang H S，Chen W Z. 2019. Backer motivation in crowdfunding new product ideas：Is it about you or is it about me？[J]. Journal of Product Innovation Management，36（2）：241-262.

Zhang J，Liu P. 2012. Rational herding in microloan markets[J]. Management Science，5（58）：892-912.

Zhang W，Wang X J. 2017. Evolutionary game analysis of equity crowdfunding[C]//2017 4th International Conference on Industrial Economics System and Industrial Security Engineering（IEIS），Kyoto：1-5.

Zhang W，Xu Y，Zheng H. 2019.The antecedents and consequences of crowdfunding investors' citizenship behaviors：An empirical study of motivations and stickiness[J]. Online Information Review，43（4）：584-599.

Zhao N，Jiao D D，Bai S T，et al. 2016. Evaluating the validity of simplified Chinese version of LIWC in detecting psychological expressions in short texts on social network services[J]. PLoS One，11（6）：e0157947.

Zheng H C，Xu B，Wang T，et al. 2017. Project implementation success in reward-based crowdfunding：An empirical study[J]. International Journal of Electronic Commerce，21（3）：424-448.

Zvilichovsky D，Danziger S，Steinhart Y. 2018. Making-the-product-happen：A driver of crowdfunding participation[J]. Journal of Interactive Marketing，41：81-93.